多店舗展開の会社がやるべき、店頭集客力の最大化戦略

―強い店頭ファサードをつくるための実務と展開策―

中村心
NAKAMURA KOKORO

エベレスト出版

多店舗展開の会社がやるべき、店頭集客力の最大化戦略

中村　心　著

はじめに

本書は、**売れる店頭ファサードを構築するための実務戦略を、「多店舗展開向け」にまとめたもの**です。

お店の顔であり、集客に不可欠である「店頭ファサード(店舗外観)」の力を最大化させて、お客様を自然に取り込み、業績を伸ばしていく具体戦略を説いた専門の書です。

私はこれまで10数年に渡り、様々なお店の店頭ファサード・店頭販促を見続け、時に、関わってきました。

店頭販促に携わるきっかけは、一人の友人を助けるためでした。コツコツためた貯金で念願だったお店をオープンさせたものの、思う様にお客様を集めることが出来ず、閉店の危機に陥っていた友人のお店をサポートするために、店舗集客の研究を始めたのです。

そんなある日のこと。街を歩いていた私はある事実に気が付きました。

「お店に入る前に、ほぼ必ず、店頭ファサードを見るのではないか？
つまり、効果的な店頭販促物を出せれば、集客力は上がるのでは？」

そこで、あらゆる業界のお店の店頭販促物を、自らの足で見て回りました。（店頭リサーチは現在も続けており、その数は、のべ30万を超えます。）
その過程で、粛々と営業を続けるお店があったり…個人経営の小さなお店があっという間に急拡大して全国的チェーンになったり…逆に、都内に十数店はあったと思われるお店が人知れず消えてしまっていたり…様々でした。

なぜ、あのお店は、ずっと集客をし続けているのか？
なぜ、あのお店は、一気にお店を増やすほどに集客出来たのか？
なぜ、あのお店は、集客ができなかったのか？

様々なお店を見れば見る程、**店舗集客におけるキーワードは店頭販促**だと確信を持ちました。なぜならば、〝集客できるお店〟と〝集客できないお店〟を比較することで、**売れる店頭ファサードには法則がある**ということに気がついたからです。

この売れる店頭ファサードの法則を元に、友人のお店の販促改革を行いました。私の人生初のコンサルテイングです。その結果、見事、閉店危機から脱することができました。

こうした一連の出来事の中で、

「多くのお店が、ファサードで、もっと魅力をアピールすることで、集客力を高められる潜在能力がある！」

「店頭販促さえ改善すれば、もっと繁盛するお店が山ほどある！」

と強く感じた私は、株式会社店頭販促コンサルティングを設立し、本格的に、売れる店頭ファサードづくりのお手伝いを始めました。

それから10数年。現在、店舗集客に積極的な経営者の方々からお声がけをいただき、様々な企業のお手伝いをしています。

これまでにも店頭販促の活用法について説いた本は自著含め、いくつかありました。

ただ、それらの殆どは、あらゆる規模の店舗・会社を対象としたものであり、私の知りうる限り、本書の対象である多店舗展開する会社向けに書かれた本はありませんでした。

しかし、単独店や店舗数が少ない会社と、多店舗を展開する会社では、行うべき店頭販促は違います。

多店舗展開する会社には、多店舗展開の会社にとって最適な店頭販促の戦略があります。多店舗展開する会社だからこそ、取り組むべき店頭販促の戦略があります。

それらを知らないまま店頭販促を実施していると、本来、得られたはずの大勢のお客様達を取りこぼしかねません。

本書では、多店舗を展開する会社が、店頭販促を用いて強い店頭ファサードとなり、各店の店舗集客を最大化する共に、10店舗、50店舗、100店舗…と、店舗展開をより一層加速させ、業績を伸ばしていくために必要な戦略を実務的に説いています。

特に、多店舗展開する会社がこれから注力すべき店頭販促は「手書きの店頭ボード」であり、本書でも大きくページを割いて、その効果的な活用法を解説しています。

「チェーン店で有名だから」「支店が多くて安心だから」と、集客できた時代は徐々に終わろうとしています。

これからの多店舗展開の会社は、**いかにファサードで〝人間力〟を発揮できるかが重要な鍵**です。そして、そのための最適なツールが店頭ボードです。

事実、業界トップの強いチェーン店ほど、ファサードにおける人間力アピールの重要性に気づき、積極的に店頭ボードを活用し始めています。今後は、「**多店舗展開する会社ならではの知名度・ブランド力**」×「**手書き店頭ボードによる人間力**」**が重要**となってくることは間違いありません。

また、本書後半で、多店舗展開の会社が絶対に知っておくべき戦略の一つとして、「**店頭販促ステージマネジメント**」という考え方を解説しています。

一口に、「多店舗を展開する会社」といっても、片手程度の店舗数の会社と何百店舗を抱える会社、新興のチェーンストア、老舗のチェーンストアとでは、打つべき手は大きく変わってきます。

業績を大きく伸ばしていくためには、事業の成長ステージに合わせた店頭販促戦略を実施する必要があります。

〝店舗数が増加した〟〝顧客会員を多く獲得できた〟など、事業ステージが変わったのに、いつまで経っても創業・開店当時と同じ店頭販促を実施していると、会社として上のステージにランクアップできるはずの機会を、みすみす逃すことになります。

会社を取り巻く環境が変わり、ステージが変化したと確信したならば、店頭販促も変えていくべきであり、それが「店頭販促ステージマネジメント」です。詳細は本書後半にて、ご確認ください。

もちろん、店頭だけが店舗集客の全てとは言いません。しかし、冷静に考えて見て下さい。それは、店頭販促とは、一度設置すれば、毎月かかるような経費や人件費といったものは殆どありません。それどころか、スタッフが道行く人に必死になって声がけをして、お店に呼び込むといったことをせず、半ば「自動的」に、お店にドンドンお客様を引き入れる魔力をもっているのです。

あなたのお店に、そんな魔法の様なことをかけるための方法論を本書では説いています。いずれにしろ、本書は、店頭販促の基本から、「知名度・ブランド力×人間力」という多店舗企業におけるこれからの業績躍進策を、精魂込めて提示しています。

多くの店頭を有する企業にとって、一人でもお客様を呼び込むことにつながることを念じてやみません。

2020年1月吉日

株式会社店頭販促コンサルティング
代表取締役　中村 心

目次

はじめに

序　章　店頭販促を強化し、自動的に集客できるお店へ

自動的にお客様が集まり続けるお店の秘密　………18
ある観光地で見つけた二つの不思議なお店
店頭販促が与える印象の違い

集客したいなら、まずは、外見を磨け　………24
良い商品さえ提供していれば、自然とお客様は集まってくる？
店頭販促を怠ると、約半数ものお客様を逃しかねない
店頭販促で、自動的に集客できるお店へ

第1章　今こそ、店頭販促改革に取り組むべき理由

あらゆる業界が店頭販促の重要性に気づき始めている　………40

お店への入りづらさを自覚しているのに、何もしないS社長

店頭販促は一部業種だけのもの？

店頭販促のないお店は「お客様を歓迎していない」のと同じ　………50

もしかしたら、知らないうちに、お客様を逃しているかも

知らずにお客様を遠ざけるお店に共通する3つのパターン

店頭販促が持つ3つの強み　………56

（1）大きくアピールし、広く集客できる

（2）無人でも集客し続けてくれる

（3）24時間365日、アピールし続けてくれる

第2章　店頭販促の基本的な考え方

集客力の高いファサードをつくるための基本的な考え方 ……… 70

店頭販促で集客するための3つの要素

店頭販促は、お店のテイストで180度、変わる！

集客力が弱いファサードに共通する3つのパターン ……… 84

ファサードは〝ジグソーパズル的な思考〟で考えよう

【パターン1】販促物が圧倒的に足りていないファサード ……… 88

店主の過信が招いた致命的ミス

「あなたのお店を、誰も知らない」

オシャレなファサードはジワジワ伸びる

【パターン2】全体バランスが取れていないファサード ……… 101

「志村けん」は、2人いらない

ファサード上で「集客ストーリー」を設計する

【パターン3】そもそもの販促物の出来が悪いファサード……108
お客様は無知である、と認識する
効果的な店頭販促物を考えるための秘訣

店頭販促の配置の基本……117
完璧に見えた店頭販促の盲点
店頭販促は立体で考えよう
店頭販促は限りなくお客様至近が鉄則

第3章　多店舗展開を運営する会社に必須の店頭販促の3つの仕組み

多店舗展開している会社ほど、もっと店頭ボードに力を入れるべき理由……128
「手書きの店頭ボードは、個人店がやるもの」は大間違い
お客様のお店選びの基準が変わってきている
〝店舗の人間力〟こそ、これから集客するための絶対要素
人を感じるファサードづくりに手書き店頭ボードが最適な理由

多店舗展開の会社が店頭ボード販促を成功させる秘訣は「仕組み」である ………148
なぜ、店頭ボードだけ仕組み化しないのですか?
仕組みとは、リスクマネジメントでもある
店頭ボード販促を成功に導く「3つの仕組み」
気づいた今こそ、「店頭ボード改革」のベストタイミング

第4章　全店の店頭ボード力を上げるための『教育の仕組み』

ビジネスマナー研修や接客研修はやるのに、店頭販促研修をやらないのはなぜ? ………162
多くのスタッフが自信がない状態で店頭ボードを書き続けている
「集客できるボードを書いて」と注文だけつけ、正しい教育を施さない愚
店頭ボードに必要なのは、才能ではなく教育である
『教育の仕組み』を作るための3ステップ ………173
まず、店頭販促リーダーを決めよう

《ステップ1》強制的に学ぶ環境を作る ……… 178
強制的に学ぶ環境をつくる①「社内研修会」
強制的に学ぶ環境をつくる②「宿題」

《ステップ2》実習で、見せ合う機会を作る ……… 186
店頭ボードを飛躍的に上達させるポイント
個人では思いつかなかったアイディアを得られる

《ステップ3》添削・指導こそ、成長を促す ……… 191
スタッフは「A部長とB部長では、言っていることが違う」が一番、困る！
否定するだけではなく、肯定し、導くこと
陥りがちな欠点

どうしても研修会が実施できない場合の対策 ……… 199
「マニュアル」と「宿題」で通信教育をしよう

第5章　店頭ボード力を底上げする『道具の仕組み』『運用の仕組み』

『道具の仕組み』について ………… 204
ある地方支店では、正しい備品さえ用意できていなかった
道具の購入ルートを明らかにしましょう

『運用の仕組み』について ………… 223
知識・技術があると会社にとって適切なボードが書けるはイコールではない
経営者の声、社員達に正確に届いていますか？

『運用の仕組み』を構成する5大要素について ………… 232
運用の仕組み①「方向性の決定・伝達」
運用の仕組み②「店頭ボードを書きかえる頻度」
運用の仕組み③「担当者の決定」
運用の仕組み④「店頭ボードのチェック」
運用の仕組み⑤「相談アドバイス」

最大限の集客効果を得るための店頭ボードの書き方 ……… 248
文字の書き方だけで、ボードの集客力は大きく変わる
7つのポイントから自社のあるべき店頭販促の姿を考える

3つの仕組みの解説を終えて ……… 260

第6章　店頭販促力を高め続けるための未来戦略

未来戦略Ⅰ　「店頭販促の社内データベース」 ……… 264
なぜ販売履歴は残すのに、店頭販促の履歴は残さないのか？
「店頭販促の社内データベース」の簡単な作り方

未来戦略Ⅱ　「表彰コンテスト」 ……… 273
成長促進のためにランキングは不可欠
効果を生む「表彰コンテスト」のやり方
表彰コンテストの副産物

未来戦略Ⅲ　「店頭販促ステージマネジメント」……… 283
会社の進化と共に、店頭販促を進化させよう
ステージ①自己紹介期とは？
ステージ②店名周知期とは？
ステージ③価値向上期とは？
置かれているステージを冷静に見極める

終わりに

著者紹介

奥付

序　章

店頭販促を強化し、自動的に集客できるお店へ

自動的にお客様が集まり続けるお店の秘密

ある観光地で見つけた二つの不思議なお店

日本を代表する某観光地を訪れた際の話です。メインストリートには、ひしめき合うように、様々なお店が軒を連ね、非常に賑わっています。

その中に、C店とN店という、二軒のお店が並んでいました。どちらも、その土地の名産品を扱っているおみやげ屋さんです。

この二軒のお店には、不思議な現象が起きていました。

C店は、エプロンをした女性スタッフがお店の前に立ち、通りを行きかう人に向かって、「ちょっと見ていきませんか？」「人気のおみやげが、沢山ありますよ！」「地酒もありますよ！」「今日だけの特別割引、やっています！」などと懸命に声をかけ、呼びこみをしていました。その声に反応し、ポツリポツリと、お店に入っていく人がいるものの、多くの通行人は素通り。

隣のN店に視線を移してみると…

お店の前には誰も立っていません。

それにも関らず、次から次へと人が吸い込まれていきます。時には、店内が満員状態になることも！

同じ通りで、隣接している二店舗なので、立地は同条件のはず。

それなのに、片やスタッフが外で呼び込みをして、必死に集客を図っています。

片や店頭は無人なのに、次から次へとお客様が来店しています。

『もしかしたら、品揃えや価格帯が違うのか？』

『苦戦しているC店には、接客が悪い・店内が汚いなど、悪評が広がっているのか？』

真偽を確かめるべく、両方のお店に入って、中を見回してみたのですが、扱っているのは似たような商品であり、品揃えや価格帯に大きな差は見受けられません。接客対応や店内の美化についても、ほぼ同様と感じました。

・店頭で呼びこみをして、やっと集客を図っているC店
・店頭に誰も居ないのに、人が次々と吸い込まれていくN店

この違いは一体、何なのか？

いくら店内を見比べても答えが出なかったので、諦めて観光を続けようと歩き始めた瞬間、二つのお店の決定的な違いに気づきました。

近くでお店を見ていた時には気付けませんでしたが、少し離れた位置から二つのお店の全体風景を見てみると、大きな違いがあったのです。

その違いとは何か？　**それは、本書のテーマである「店頭販促」です。**

店頭販促が与える印象の違い

店頭販促とは、ファサード（店舗外観）で用いる販促物全般のことで、看板を筆頭に、のぼり・タペストリー・手書き店頭ボード（手書きでメッセージを書き、店頭に置いて用いるボードの総称）・横断幕・店頭ＰＯＰ…などが、代表的なものとして挙げられます。

Ｃ店とＮ店のファサードをよく観察してみると…

懸命に呼びこみをしていたＣ店のファサードには、看板は無し。厳密に言うと、木製の看板らしきモノが掲げられていたのですが、かなり老朽化していたため、文字の判読が出来ず、看板としての役割を全く成していませんでした。

通りから垣間見える店内は、何だか薄暗い雰囲気で、一見すると、「本当に営業してい

【 店頭販促物のイメージ 】

タペストリー
看板
SHOP & CAFE
OPEN
New Arrival
So delicious!
But...
low calories! !
menu
cafe 500yen
tea 450yen
water 200yen
cake 300yen
Please stop by my house
のぼり
店頭ボード

るのかしら？」と不安を覚えるほど。スタッフが呼びこみをしていたので、かろうじて、営業中だと認識できたくらいです。

更にC店のファサードをじっくり観察してみると、壁面にタペストリーがかけられていたものの、道から見えづらい位置にあるので目を凝らさないと気づけない上、こちらも長く使っているものらしく、日に焼けて色褪せており、寂れた雰囲気を醸し出していました。実際の品揃えは、C店もN店も大きな差はなかったものの、その寂れた雰囲気から「なんだか、良いおみやげは置いてなさそう」という印象を与えてしまっていました。入口ドアの横には、手書きの店頭ボードが置いてありましたが、しばらく書き直していないらしく、文字が消えかかっており、こちらも何が書いてあるのか読めず。読めないだけならまだしも、消えかかったボードをそのまま放置していることで「だらしないお店」という悪印象を持たざるを得ませんでした。

一方、無人でもお客様が集まっていたN店を見てみると…

店舗正面の目立つ位置に「おみやげ処N」と、大きくて分かりやすい看板があり、遠くからでも、一目でおみやげ屋さんだと理解できました。

お店の周りには、「営業中」「おみやげ」などと印刷されたのぼりが置かれており、活気があって賑やかな雰囲気です。

C店同様、N店もタペストリーがかけられていましたが、こちらは壁面のとても目立つ位置にあったため、パッと目に飛び込んできます。名産品が美味しそうな写真と共にアピールされた内容でした。

そして、N店も入口ドアの横に手書きの店頭ボードが置かれていました。内容は「おみやげランキング ベスト5」として人気商品を紹介するもの。その丁寧に書かれた文字から親切そうな店員の姿が連想され、「このお店ならば気持ちよく買い物ができそうだな、良いおみやげが手に入りそうだな」という期待感を与えてくれました。


簡単にですが、二つの店舗のファサードの状況を説明しました。こうした状況を鑑み、二つの店舗はこの様に表現できます。

・C店は、店頭販促が疎《おろそ》かになっている状態
・N店は、しっかりと店頭販促を実施している状態

そうです。隣接する二店舗なのに、C店は人間が懸命に呼びこみをしなくては集客ができなかったのに対し、N店が無人でもどんどんお客様が集まっていた理由は、**〝店頭販促の差〟**だったのです。

集客したいなら、まずは、外見を磨け

良い商品さえ提供していれば、自然とお客様は集まってくる？

皆さんの周りに、なぜか、お客様が絶えない人気店ってありませんか？

人気の秘密を探ろうと視察をしてみたものの、「品揃えも価格帯も接客レベルも、自分のお店と大差なさそう」と感じ、明確な答えが見つけられなかった… なんて話も聞いたことがあります。

多くの場合、繁盛の秘密を探る時に、「どんな商品を扱っているのだろう？」「どんなメニューを提供しているのだろう？」「価格帯はどれくらいだろう？」「スタッフの接客はどんな感じだろう？」など、お店の中だけに注目し、懸命に模倣しようとします。

しかし、実は、おみやげ屋C店・N店の例の様に、繁盛の答えは外側、つまりファサードにあることも多いです。


〝中身を知ってもらいたいなら、外見を磨け〟

これは、営業術や恋愛テクニックを指南する書籍で、しばしば書かれるフレーズです。

「どれだけ素晴らしい性格や才能だったとしても、外見で興味を持ってもらえなかったり、拒否反応を抱かれたりしてしまえば、中身を知ってもらうことは出来ない。だから外見にも気を使い、磨きなさい」といった意味です。

友情・恋愛・仕事を問わず、何かしらの人間関係を築く上で、見た目が重要なパーセンテージを占めることは否定できません。特に、初対面においては〝見た目が全て〟といっても過言ではないかもしれません。

この場合の見た目とは、美人か？ハンサムか？だけを指すのではありません。美醜に関わらず、好感の持てる外見であれば、「もっと知りたい、仲良くなりたい」と感じ、そうでない外見であれば、近寄るのを躊躇《ちゅうちょ》したくなるもの。

こう書くと、「いやいや、私は外見で人を判断する様なことはしないよ」と否定する方もいるでしょう。そんな方は、立食パーティーに出席しているシーンを思い浮かべてみてください。

周りは初対面の知らない人ばかり。さて、あなたがする行動は何か？

きっと、真っ先に周囲の人々の外見をチェックするはず。面食いか否かに関らず、知らない人ばかりの環境に放り込まれたら、無意識に相手の外見を観察してしまうもの。恐らく、外敵から自分の身を守るために、古来から人間に備わっている防衛本能の一つでしょう。

さて、パーティ会場にて、顔立ちや雰囲気・ファッションから「話が合いそうだな」と感じる人を見つけたあなた。きっと、その人に、話しかけてみようという気持ちになるはず。

一方で、怖そうな外見の人に対しては、「話しかけられたくないし、違う場所に移動しようかな」とソワソワしてしまいませんか？

髪にフケがあったり、服に汚れがついていたり、不潔な外見の人に対しては、「近寄りたくないな」と嫌悪感を抱いてしまいませんか？

目が合ってても仏頂面でニコリともせず、黙り込んでいる人に対しては、「この人は自分に興味なさそうだから、話しかけるのは止めよう」なんて考えませんか？

こうした心情、誰しも、一度は経験あるのではないでしょうか。

怖そうな人、不潔な人、仏頂面の人…どんな外見の人でも、話してみると非常に気が合って、もしかしたら無二の親友になれたかもしれません。しかし、外見が好ましくないと、中身を知る意欲が持てず、そうした可能性を逃します。特に、立食パーティの様に、他にも大勢の人が周りにいて、話し相手の選択肢が多い場合には、わざわざ外見で好感を持てない人に話しかけてみようとは思わないのが一般的です。

もちろん、「全く、相手の外見なんて気にしない！　とりあえず、目の前にいる人に声をかけるよ！」という方もいるとは思います。

が、多くの場合、自身で思っているよりも、無意識のうちに外見で「話してみたいか」「近寄りたくないか」をジャッジしているものです。


そして、それは店舗集客においても同じことが言えます。

立食パーティの例を、ファサードに置きかえて考えてみます。

あなたは、初めて訪れた街で「どこのお店を覗いてみようかな？」と考えながら、ブラブラと散策をしています。そんな時に、好きな雰囲気のファサードを発見したならば、「このお店が気になるな！」と感じ、立ち止まるはず。

一方で、薄暗くて、怖そうなファサードに対しては、「店員が怖そう」「客層が悪そう」と不安に感じ、足早に通り過ぎたくなりませんか？

入口付近にゴミや吐瀉物《としゃぶつ》がある様な不潔なファサードに対しては、来店意欲どころか、「近寄りたくない」と嫌悪感を抱きませんか？

看板やのぼりといった店頭販促物が一切なく、入口ドアも完全に閉め切られていると、

「このお店は、一見客を歓迎してくれなそうだな」と、入りづらさを感じませんか？

もしも、周囲見渡す限り、お店はその一軒だけ…という状況ならば、多少、入りづらさを感じるファサードだったとしても、無理をしてドアを開けるでしょう。

しかし、周囲には他にも店舗が存在し、お店選びの選択肢がある場合、わざわざ好ましくないファサードのお店は避けるのが一般的です。

怖そうなファサードのお店も、不潔なファサードのお店も、入りづらさを感じるファサードのお店も、店内は非常に明るく、品揃えも良く、サービスも素晴らしく、一見客も大歓迎で、もしかしたら、一生、通い続ける運命のお店になったかもしれません。

しかし、先に挙げた立食パーティの例同様、どれだけ素晴らしい商品やサービスといった中身を有していたとしても、外見（この場合、ファサード）に難ありと感じると、入店意欲は持ちづらいものです。

つまり、**お店の中を知って、来店してもらいたいと願うならば、道行く人々がお店に興味を持ち、来店意欲を持つ様な外見（ファサード）にする必要がある**のです。

と、外見の重要性を説くと、それに反論して、こういう意見を言う方がいます。

『うちの店では、選りすぐりの良い商品だけを揃えているから、店頭販促をせずとも、

お客様は来てくれるはずだ！』
『うちの店では、食材にこだわっているし、味にも自信があるから、店頭販促をせずとも、お客様は食べに来てくれるはずだ！』
『うちの店では、どこよりも上質なサービスを心がけているから、店頭販促をせずとも、お客様から選ばれるはずだ！』

この様に、〝中身が良ければ、お客様は自然と集まってくる〟と、絶対的に信じて疑わないのです。

確かに、非常に優れた商品力があり、店頭販促を含む一切の販促をせずに、口コミが口コミを呼んで、自然と人気店となったケースもゼロではありません。特に、インターネットが発達した現代では、ある一人が書いたＳＮＳ投稿が世界中に拡散し、たった一夜で、人々が押し寄せる超人気店となることも夢ではなくなりました。

しかし、これは限りなく奇跡に近いことであると、忘れてはいけません。

身近にも起こりうることだと勘違いし、中身を磨くことだけに精を出し、いつ来るとも分からない口コミ仕掛け人という名の救世主を待ち続けていは、奇跡が起きる前に、資金が底を付き、閉店するのが関の山です。

「お客様を集めたい！お店を繁盛させたい！」

こう願うのであれば、中身を磨くと同時に、外見を磨く努力もしなくてはいけません。

いつ起こるとも分からない奇跡を待ち続けるより、お店の前を通りかかった一人でも多くの人が「このお店に入ってみたい」と思える様なファサードにするために、適切な店頭販促を実施することこそが、繁盛店になるための近道です。


店頭販促を怠ると、約半数ものお客様を逃しかねない

ここまで、店頭販促がいかに集客上、重要であるかという点についてをお伝えしてきました。が、もしかしたら、依然、懐疑的な方もいるかもしれません。そこで、一つの興味深い調査を紹介したいと思います。

以前、ある雑誌が、**「飲食店をどうやって選んでいるか？」**というアンケートを実施しました。結果は以下のとおりです。

一位は「人に薦められた・または連れて行ってもらった」（76・7％）。

二位は「偶然通りかかり、気になった」（40・3％）。

他、「検索サイト」「クーポン誌」「チラシ」などが続きます。（詳細は左ページグラフ参照）

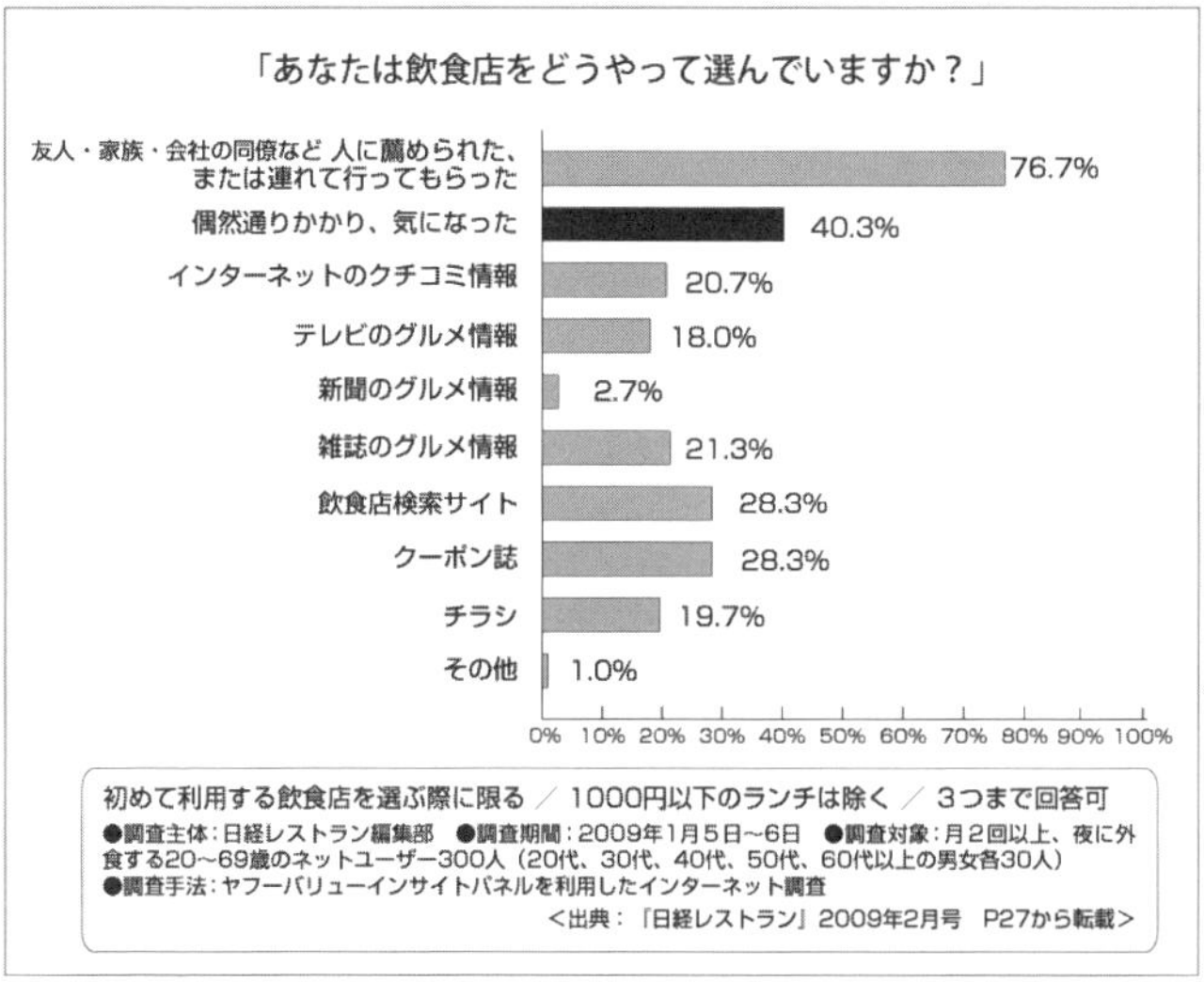

初めて利用する飲食店を選ぶ際に限る ／ 1000円以下のランチは除く ／ 3つまで回答可
●調査主体：日経レストラン編集部　●調査期間：2009年1月5日～6日　●調査対象：月２回以上、夜に外食する20～69歳のネットユーザー300人（20代、30代、40代、50代、60代以上の男女各30人）
●調査手法：ヤフーバリューインサイトパネルを利用したインターネット調査
＜出典：『日経レストラン』2009年2月号　P27から転載＞

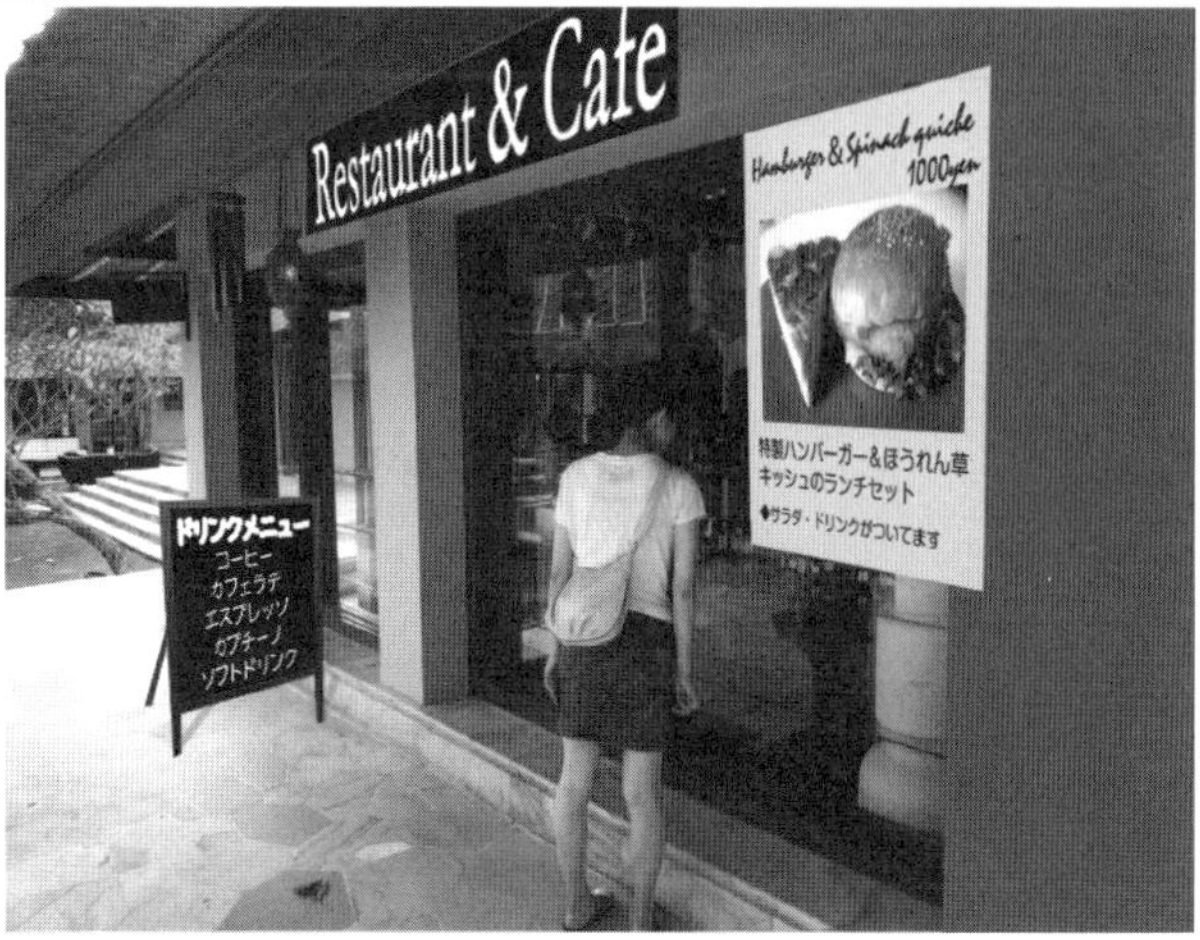

偶然、通りかかり、気になる原因とは…？

注目したいのは、二位の「偶然通りかかり、気になった」という回答です。これは販促ツールの名称ではありません。

では「偶然通りかかった」と答えた40％もの人々を、店内へ導いたものとは、一体、何でしょうか？

偶然通りがかりに、来店しようと思ったきっかけとは、一体、何だったのでしょうか？もうお分かりかと思います。ずばり〝**店頭販促の力**〟です。

「偶然通りかかり、気になった」と回答した人々は、通りがかりに見つけたお店のファサードの雰囲気だったり、各店頭販促物で訴えられている内容だったりを見て、お店の存在に気づき、魅力を感じ、「このお店に入ってみよう」と決めたのだと考えられます。

つまりは、店頭販促を疎かにするということは、なんと約40％ものお客様候補を自ら捨てていると言っても過言ではないのです。

これは飲食店に関する調査結果ですが、私の経験上、他の業界でも大きく乖離《かいり》することはないと考えています。例えば、こんな消費行動をしたことがありませんか？

◎街を歩いていたら、たまたま目に入ったショーウィンドウのアイテムが気になってショップに立ち寄った！

◎ずっと腰痛で悩んでいた時、駅前の接骨院の「腰痛なら、当院にお任せ！」というタペストリーを見て訪れてみた！
◎「そろそろ、髪を切りたいな」と考えていた時、ファサードの雰囲気が良くて、店頭ボードでメニューや料金を丁寧に説明していた美容院が気になり、予約した！

こうした日常に溢れるシーン達は、全て店頭販促による効果です。

それぞれ使用した販促ツールは違いますが、いずれも、ファサードにて最適な店頭販促を実施したからこそ、お客様を呼び寄せることができたのです。

もしかしたら、業種業態や立地によっては、前述の調査結果の「偶然通りかかり、気になった」40・3％という数字を上回る数のお客様が、店頭販促効果で来店してくれているかもしれません。


もちろん、時として、いくら店頭販促を実施しても、来店してもらえないこともあります。

再び、立食パーティのシーンで例えてみると…

外見が魅力的で気が合いそうと感じた人と会話をしてみた、あなた。しかし、思っていたよりも話が合わなかったので、他の人と話をするために、その場を離れることにした…。

この様に、人間関係において「外見で想像していた中身と違ったな」と残念に感じることは、よくあることです。

この状況をファサードになぞらえると…

店頭ボードやタペストリーなど、趣向を凝らした店頭販促がされた一軒のお店に興味引かれて足を止めた、あなた。しかし、じっくりと各販促物の内容を読んでみたら、求めていた内容でなかったので、お店に入らず、その場を離れた…。

この様に、さまざまな店頭販促を用い、懸命に、お客様が訪れたくなるファサードを構築したとしても、お店の提供している商品やサービスがお客様の希望と合致せず、集客が叶わなかった・売上に結びつかなかったなんてことは、よくあることです。

しかし、**外見を磨かないことには、中身を知ってもらうことさえも、叶いません**。

〝中身を知ってもらった上で選ばれないお店〟と〝中身も知られずに選ばれないお店〟。どちらも集客できなかったという点では、結果は同じですが、両者の間には大きな差があります。

中身も知られずに選ばれないお店は、スタートラインにも立てていません。スタートラインに立てていないということは、ゴール、つまり集客できる可能性はゼロです。

・スタートラインに立たずに、いつ来るともわからない救世主を待つか？

・上手くいかなかったとしても、とりあえずスタートラインに立つか？

経営者として、ビジネスパーソンとして、どちらを選ぶべきなのかは明白と思います。

店頭販促で、自動的に集客できるお店へ

きちんと店頭販促を実施して、強い店頭ファサードを作り上げれば、黙っていてもお客様は集まります。まるでエスカレーターが乗客を運ぶが如く、自動的に、次から次へとお店にお客様を呼び込んでくれる様になります。

店頭販促がお客様を集めてくれるので、冒頭で紹介したおみやげ屋C店の様に、スタッフをわざわざお店の前に立たせて、呼び込みをさせる必要なんてなくなります。

昨今、労働力不足が叫ばれており、人員確保が難しい時代。人材不足の傾向は、今後更に、悪化すると予想されます。そんな状況下において、貴重な人員を店前に立たせるのは、非常にもったいないことです。

店頭販促さえ整えておけば、人間は人間にしか出来ない、他の業務に専念させることができます。

また、店頭販促の多くは、出稿するたびにコストが発生するチラシや新聞広告・ネット

広告などと違い、一度作り上げたら、一定期間は追加コストなしで道行く人にアピールし続けてくれます。

つまり、店頭販促を強化し、十分な集客ができる強い店頭ファサードとなれば、今までコンスタントに発生していた他販促コストを削減することも可能であり、その分の利益アップも狙えます。

自動的な集客システム、集客の労力軽減、生産性の向上、将来的な利益増…。

まるで夢の様な話ですが、店頭販促をきちんと行い、強い店頭ファサードを作り上げることで、決して手の届かない夢ではなくなるのです。

本書では、そんな夢の様なことを実現するための方法をお伝えしていきます。

1章・2章は、店頭販促の基本的知識について幅広く解説します。

万事、飛躍のためには、まずは基本をしっかりと知ること・身につけることが不可欠です。そして、それは店頭販促もしかり。

強い店頭ファサードを作り上げていくために知っておくべき店頭販促の基本を前半部分でじっくりと解説します。店舗を持つあらゆる会社とって参考になる内容かと思います。

一方、3章以降は、本書タイトルにある通り、多店舗を展開する会社に特化した内容となっております。

3章・4章・5章では、多店舗展開の会社が、店頭販促を用いて集客力を最大化していくために必要な具体的な実務について解説しています。かなり実践的な内容となっていますので、自社の状況に照らし合わせつつ、お読みください。

そして、最終章にあたる6章では、多店舗展開の会社が長期的に取り組んでいくべき3つの戦略について解説しています。

特に3つ目の戦略としてお伝えする「店頭販促ステージマネジメント」は、多店舗展開の会社が成長し、繁盛し続けていくために非常に重要な内容となっております。

ぜひ、最後までお読み下さい。

第1章

今こそ店頭販促改革に取り組むべき理由

あらゆる業界が店頭販促の重要性に気付き始めている

お店への入りづらさを自覚しているのに、何もしないS社長

以前、ある教育会社が主催するセミナーに講師として呼ばれたことがあります。そのセミナーは、1日がかりで店舗経営者向けに役立つ内容を、様々なジャンルの講師が順番に行うもので、私は〝手書き店頭ボード分野の講師〟として登壇しました。

複数講師が一同に講演する合同セミナーの特徴は、必ずしも、受講者が講演テーマに興味を持っているとは言えないということです。

例えば、弊社では定期的に店頭販促をテーマにしたセミナーを主催しているのですが、受講者は店頭販促に強い興味と関心を持っている方ばかり。テーマを気に入って、申し込んでくれているのだから、当然といえば当然です。

一方、合同セミナーの場合、「セミナーの全体趣旨に興味を持ったから」「別の講師が目当て」という理由で参加し、店頭ボードや店頭販促なんて全く知らない・興味もないという受講者も一定数います。もちろん、その逆もしかり。今まで興味のなかった未知のテーマに出会え、新たな知見を得られるのが、合同セミナーの良さと言えます。

さて、合同セミナー受講者の中に、建具屋（ドア・ふすま・サッシなど）を経営しているS社長がいました。工務店向けなどの業務用の他、一般客向けに小売や取り付け工事を請け負っているそう。

S社長は、「セミナーのプログラムに入っていたから、とりあえず受講した」とのことで、当然、店頭ボードを書くのは初体験。

基本的に、私が店頭ボードをテーマに研修やセミナーを行う際には、一方的に話を聞いてもらうだけでなく、実習の時間を設ける様にしています。簡易ボードとマーカーを用意し、「自分のお店に店頭ボードを出す」と仮定して、実際に書いてもらうのです。

S社長は最前列で受講されていたので、自然と様子が目に入ったのですが、自社で取り扱っている障子《しょうじ》をテーマに、とても初めてとは思えないレベルの店頭ボードを書かれていたのが印象的でした。

セミナー終了後、S社長を含めた数名の受講者と話す機会がありました。S社長は、私のセミナーを受講したことで、店頭ボードの集客効果をご理解いただけた様なのですが、「でも、うちのお店はやらないかなぁ」と口にされました。

すると、周囲にいたS社長の知人らしき受講者が口ぐちに言い始めました。

「S社長のお店は入りづらいよ！　あれじゃ、一般のお客さんは寄ってこないから、店頭ボードをやってみたら？」

「そうだよ！ 立地もいいし、店頭ボードをやれば、お客さんが来るはずだよ」

「孫がS社長の店は怖くて近寄れないって言っているよ。店頭ボードでも置けば、雰囲気が変わるんじゃない？」なんて声も。

そんな声を振り切る様に、「いやいや、うちのお店はいいよ」と、手を振るS社長。

S社長のお店は、一体、どんなファサードなのか？ 興味をひかれた私は、S社長の携帯電話に保存されていたファサードの写真を拝見させてもらうことに…。

そこに写っていたのは、店舗というより、小さな工場の様な建物。

詳しく聞いてみると、お店をやっていると言っても事務所と兼用。店頭ボードはおろか、看板さえもなく、聞かなければ一般客向けの商売をやっているとは、まず、分かりません。

その上、「孫が怖くて近寄れない」と言われてしまうのも頷ける様な古びた雰囲気。

100人に聞いたら100人全員が、「ここって、一般客も入っていいの？」と疑問を持ち、「入りづらいなぁ…」と答えそうなファサードでした。

言いにくいことでも、事実を伝えるのが私の仕事です。

「このファサードでは、一般のお客様は、入ってこられないですよ」と、お伝えしたら、S社長は、その通り！という表情をし、「そうなんだよねぇ」と笑いながら頷きました。

S社長の様に、自分のお店は入りづらいと自覚しているのに、何も変えようとしない経営者に様々な場所で遭遇します。その度に、店頭販促コンサルタントという立場からすると、悔しいような悲しい気持ちになります。

もちろん「隠れ家っぽいお店にしたい」「ゆったり過ごせるお店にしたいから、大勢のお客様に来られてしまっては困る」などの理由から、あえて入りづらいファサードにしている店主も知っています。こうした信念や目的があって、あえて入りづらいファサードにすることは店頭販促における一つの戦略であり、良いと思います。

しかし、S社長の様に、「あえて入りづらいお店にしたい」という思いがあるわけでもなく、自分のお店の入りづらさを何となく自覚しているにも関らず、店頭販促に取り組まない方も、一定数、存在します。

S社長の場合、B to Bがメインであり、一般客向けの売上がなくても経営がやっていけている様ですし、店舗を構えているといっても事務所と兼用な上、自宅ビルの1階で営業されているそうなので、店舗を借りて、毎月、家賃を払っているお店とは、深刻度が全く違います。

また、S社長は高齢。人にもよりますが、年を重ねるほど、新しいことを始めるのが面倒にもなるもの。今から、店頭ボードという新しい販促を始めるのが億劫という気持ちもあるのかもしれません。

他、S社長の様なケース以外だと、

「今のままでソコソコやっていけるから」

「業界的にやる雰囲気じゃないから」

「面倒だから」

など、様々な理由でファサードを改善することで、まだまだ売上を伸ばせるチャンスがあるにも関らず、着手していないお店・経営者を知っています。

しかし、果たして、それで良いのでしょうか？

店頭販促は一部業種だけのもの？

ポスティング・チラシ・DM・インターネット広告…世の中には様々な販促手法があり、これらのいくつかを実施している・したことがあるという会社は多いと思います。

一方、店頭販促については、小売店や飲食店、または美容院やネイルサロン・マッサージ店といった一部のサービス業が重要視する販促手法である、と考える方が多いように思います。実際、S社長の言葉の端々からも「うちの業界で、店頭ボードをやっている店なんてないよ」という想いが伝わってきました。

確かに、これまで30万以上の、ありとあらゆるお店の店頭販促をリサーチしてきましたが、小売店や飲食店・美容院・マッサージ店などは、他業種のお店と比べて、店頭販促に熱心かつ優れているケースが多かったと言えます。

「ほらね！やっぱり、店頭販促は雑貨屋とか飲食店が力を入れるもので、それ以外のお店には関係ないんじゃない！」

「うちの業界には、うちの業界なりのやり方が昔からあるんだよ！」

…なんて思うのは、待って下さい。

確かに、小売店や飲食店・美容院などが先行しているのは事実です。

しかし、ここ数年で、**あらゆる業界が店頭販促の重要性に気付き、アクションを起こし始めています**。特に、店頭販促の中でも、コストが低く、導入しやすい手書きの店頭ボードを出す店舗が非常に多くなってきました。

私は、長らく店頭販促コンサルタントという仕事をしていますが、以前と比較すると、「へぇ、こんなお店も店頭販促に力を入れ始めたんだ！」と驚くことが、本当に増えてきました。

例を挙げると…

例えば、コンビニエンスストア。店頭販促に熱心なお店が多い小売業の中で、コンビニだけは例外でした。私が知る限り、以前は、ごくごく一部のブランドを除いて、本部が用意したであろうポスターや横断幕といった販促物以外を、ファサードで見かけることはありませんでした。

しかし、最近では、多くの店舗が独自で作成したであろうPOPや店頭ボードなどの販促物を出しています。新商品や季節商品を売り込んだり、店内で販売しているコーヒーを売り込んだり、内容は様々。

以前は、「どこのコンビニに入っても大差は無い」と思っていたのですが、店舗独自の販促物で、各店の個性がアピールされ始めたことによって、「あのコーヒーを飲みたいから、このコンビニで買い物しよう」「接客が良さそうだから、この店舗に入ろう」と、ブランドや店舗を選ぶ様になりました。

例えば、郵便局。元は国の機関だけあってお堅いイメージがありますが、そのイメージを払拭するかの様に、色画用紙や綿・モール・造花などを駆使し、派手に装飾された店頭ボードやPOPを出しているのをよく見かけます。年賀状・お中元・お歳暮などの時期になると、特に工夫された販促物を見ることができ、訪れる楽しみにもなっているくらいです。

例えば、旅行代理店。以前は、店頭に旅行カタログの入ったラックがズラーっと置かれているだけでした。しかし、昨今では、ラックに手書きPOPがつけられてたり、手書きの店頭ボードを置いて、スタッフのお勧めツアーを売り込んでいたり、見ているだけで旅行気分が盛り上がってきます。

医療関係機関でも、積極的に店頭販促を実施されています。

今やコンビニよりも数が多いといわれる歯科医院では、有名キャラクターを採用し、とても歯科医院とは思えないほど可愛い看板を掲げたり、ホワイトニングや歯磨きレッスンなどをアピールする店頭ボードを出したりしているのを見かけます。

近所の整骨院では、ママ客獲得を狙い、キッズスペース完備や託児サービスをアピールする店頭ボードやタペストリーを出しています。

大病院近くに存在する門前薬局は、至近距離にライバルが乱立している上、基本的に取り扱っているのが処方薬なので売り物も価格も同じ。そのため、「待ち時間ゼロ！」「ドリンク無料サービス中」など、他薬局とのサービス面の違いを、店頭ボードや壁面パネルで懸命にアピールしています。

そして、驚くのが寺社仏閣。店頭販促はおろか、販促自体が無縁というイメージが強かったのですが、それはどうやら過去の話。近所のお寺では、写経体験や座禅体験、お見合いイベントを企画し、それらをアピールする店頭ボードを出したり、外壁に掲示板を設置して案内チラシを掲示したりしています。

また、弊社には、様々な会社から店頭販促に関するご相談を頂くのですが、ここ数年で、問い合わせいただく業種の幅がグッと広がったと感じています。

飲食業や小売業・マッサージ店など、以前から店頭販促に熱心な業界はもちろん、不動産会社・住宅メーカー・ホテル・アパレルショップ・スポーツジム・学習塾・ＩＴ関連機器ショップ…などなど。

それほど店頭販促に積極的なイメージが強くなかった会社からも「**更なる客数アップを目指すためには、ファサードの改善が急務である**」と、コンサルティングや社員研修に関するお問い合わせをいただいています。

その中には、誰もが知っている業界トップの地位にいる様な会社もあります。

次の一手として、強いファサードづくりの必要性を感じているとのことで、ファサードの改善コンサルティングと、社員向けに店頭ボードの知識と技術をお伝えする企業研修を実施したのですが、他のどの会社よりも熱心だったのが印象的でした。

もう店頭販促は小売店や飲食店、一部のお店だけが力をいれるべきことではありません。お客様と接する機会のある全ての会社が熱心に取り組むべきことなのです。

また、小売業や飲食業、美容院やマッサージ店などで、まだ店頭販促に熱心に取り組んでいない自覚があるお店は、今すぐ考えを改め、注力するべきです。

前述の通り、これらの業種は他業種と比べて、元々が弊社への問い合わせ率も高く、業界として店頭販促への意識の高さが窺えます。そのため、ボヤボヤしていると、店頭販促を実施しているお店との差が、どんどん離れるのは間違いないでしょう。

店頭販促のないお店は「お客様を歓迎していない」のと同じ

もしかしたら、知らないうちに、お客様を逃しているかも

「ファサードのどこの位置に、どういった内容の販促ツールを置くか？」で、店頭の集客力はガラッと変わります。これらをトータルで立案するのが店頭販促コンサルタントである私の仕事であり、腕の見せ所なわけですが、それは、ひとまず横に置いておいて…。

〝ファサードに販促物を置くこと〟は、それだけで意味も価値もある、と強く訴えます。

例え、訴求力が弱く、集客効果に欠ける様な販促物だったとしても、です。

ファサードに販促物を置くことは、お店の存在や魅力をアピールする以前に、**お客様に対するお店からの「歓迎の意思」を伝えること**でもあります。

ノボリを置く・置き看板を出す・店頭ボードを出すなど、ファサードに販促物を展開することは、笑顔で「ちょっと立ち止まりませんか？」「少しお話を聞いてもらえませんか？」といった具合に、相手に手を差し伸べる行為です。「仲良くなりましょう」というお店側からの歓迎の意思表示なのです。

お店を選ぶ際に、明確な理由はないけれど、「何となく、このお店は良いね」「何となく、

このお店はやめておこうかな」という感覚を持つことはありませんか？

それは、入店して、嫌な思いをする可能性が低く、快く歓迎してくれそうな雰囲気のお店を無意識レベルで選んでいるからです。そして、こうした無意識レベルの判断を左右しているのが、店頭販促の存在です。お客様はその意思表示を確認して、「このお店ならば歓迎してくれそうだ」と安心でき、来店の意欲を持ちます。

逆に、ファサードに販促物が一切、置かれていないお店とは、自己紹介をしないばかりか、仏頂面でポケットに手を突っ込んでいる様な状態です。

もちろん、お店側には、そんなつもりはないと思います。

しかし、お客様側からすると、店頭販促が乏しいお店とは、〝客を受け入れ、歓迎する意思が無さそうな店〟という印象を抱きますので、当然、選ばれづらくなります。

誰だって、入店した後に、嫌な思いをしたくありません。歓迎されて心地よい時を過ごしたいと願うもの。

他で手に入らない商品を扱っている独自性の高いお店だったり、他にお店選びの選択肢がなかったりといった特別な理由がある場合を除いて、目の前のお店の類似店は星の数ほど存在しますので、無理して入りづらいお店葉選ばず、入りやすく、歓迎してもらえそうな店を選ぶのは至極当然と言えます。

ただ、誤解してほしくないのが、〝何でもいいから店頭販促物を出しておけば、入店してもらえる〟ということではありません。

じっくりと販促物の内容を読んだ後、内容に興味・共感を持ってもらえなければ、入店はしてもらえません。前述の通り、「ファサードのどこの位置に、どういった内容の販促ツールを置くか？」によって、実際の集客力は大きく変わります。

しかし、店頭販促を行わないということは、お客様に対してそっぽを向いているような状態です。最初からお客様を遠ざけてしまっている可能性が高く、そもそも、お店選びの検討候補にさえ入れていないのです。

知らずにお客様を遠ざけるお店に共通する3つのパターン

特に、次のいずれかに当てはまり、十分な店頭販促を行っていないお店は要注意です。

① 年季の入った建物で営業しているお店

② 数十年以上、同じ地で営業しているお店

③ 店主・従業員が高齢なお店

①年季の入った建物で営業しているのに、店頭販促が乏しいお店に対しては、販促努力をせずとも、長い間、営業できている様だし、さぞかし固定客が多いのだろうと感じ、「新規客は不要なんだろうな…、ぞんざいな扱いを受けるかもな…」と、入店へのハードルを感じる人が多い傾向にあります。

②数十年以上、同じ地で営業しているお店も、①と似ています。近所に、一度も訪れたことはないけれど、気がついたら、ずっと営業し続けているお店ってありませんか？

精肉店・酒場・花屋・喫茶店… 私は、瞬時にいくつかのお店が浮かびます。

数十年と同じ地で営業を続けているのに、積極的に販促をしている雰囲気がないお店に対しても、①同様に、「熱心な固定客が多そうだし、新規客は歓迎されなそうだな…」と勘違いされる可能性が高いです。

③店主・従業員が高齢で、十分な店頭販促をしていないお店に対しては、特に若年層が「怖そう」「接客がぶっきらぼうそう」などと入りづらさを感じるケースが多いです。

以前、奈良県を訪れた私は、ある骨董屋さんに興味を持ちました。しかし、歴史がありそうな建物で、ファサードには「○×骨董店」と書かれた風格のある木製看板があるのみ。

チラリと店内を覗くと、店主らしき高齢男性が新聞を読みながらレジ前に座っています。当時、20代で若かったこともあり、威厳がある高齢男性が店主をしている古都の骨董屋に対し、「怖そう」「私なんて、ぞんざいな扱いを受けそう」と感じたのを覚えています。

しかし、よくよく考えてみると、実は、全てお客側の勝手な想像でハードルを感じているだけです。

①の年季の入った建物で営業しているお店、②の数十年以上、同じ地で営業しているお店共に、常連さんは大切にする一方で、新規客も心から歓迎してくれることと思います。

③の店主・従業員が高齢で接客がぶっきらぼうそうなんていうのは、単なる偏見です。実際、奈良の骨董屋で、勇気を出して引き戸を開けたら、拍子抜けするほど、店主は親切に対応してくださったのを覚えています。

いずれも、客側の「こういうお店は、こうだろう」という誤った先入観による思い込みです。しかし、前述の通り、余程の特殊な商売や事情を除き、「冷たくあしらわれそう」「怖そう」などという少しの不安を感じると、お客様は他のお店を選びます。

誤ったイメージのせいでお客様を取りこぼすことは、もったいないことです。

特に、先ほど、紹介した様な3つのお店で、小さな看板くらいしか店頭販促がされていないとなると、お客様に「非常に入りづらい」と思われている可能性が高いと思っていいでしょう。

こうしたことを避けるためにも、お店側からお客様に手を差し伸べる必要があり、そのためにも適切な店頭販促を行っていくことが重要なのです。

店頭販促が持つ3つの強み

ここまでをお読みいただき、店頭販促が、集客上、いかに重要であるかということを、ご理解いただけたかと思います。

さて、実は、店頭販促には、ただ単に集客に効果的なだけでなく、他の販促物にはない店頭販促ならではのメリットも、たくさん持っています。

ここでは、それらの中から、代表的な3つをご紹介します。

(1)大きくアピールし、広く集客できる

店舗が行う代表的な販促手法というと、店頭販促の他に、ポスティング・チラシ・DM・ネット広告などが挙げられますが、店頭販促は、これら他販促が持っていない大きな特長を持っているのはご存知ですか?

それは、「**販促物一つ当たりの集客人数の多さ**」です。

例えば、ポスティングの場合、1枚のチラシで集客できるのは、投函されていた家の住人のみ。投函されなかった隣人を集客することはできません。チラシやDM、ネット広告

も同様で、集客できるのは情報を受け取った人のみ、です。たまに、情報を受け取った人が「あの人がこの情報に興味がありそうだな」とシェアしてくれる場合もありますが、基本的には、販促物一つで集客できる範囲が本人、最大でも家族内・友人内と狭めです。

その代わり、ターゲットを細かく設定できます。

ポスティングなら、どこの地域に投函するか？　戸建か、単身者向けアパートか？　何曜日に投函するか？…など。チラシにしても、お客様になる可能性の高い人に絞って配布するでしょうし、DMも興味を持ってくれそうな相手を抽出して、発送するはず。ネット広告に至っては、性別・年齢・居住地域・職種・趣味など、非常に細かい部分まで指定可能です。

ターゲットを細かく設定できるということは、最も相手に響きそうな内容の販促物を作成できるため、レスポンス率も上がりやすくなるということです。つまり、ポスティング・チラシ・DM・ネット広告などは、多くを獲得できない代わりに、狙いうちができます。

こうした特性から、魚のいる場所に、ターゲットが好みそうな餌をつけて、釣り針をたらす「一本釣り」の様なものだと言えます。

対して、店頭販促は何か？

私は、**「イカ釣り漁船」**だと考えています。

イカ釣り漁船とは、集魚灯という魚を集める照明器具を使って、海を泳ぐ大量のイカを一気に寄せ集め、釣り上げる手法であり、一度に大量の獲物を釣り上げられるのが大きな特長です。

イカ釣り漁船を店頭販促に置きかえると、ファサードに置いた販促物達はいわば集魚灯です。**しっかりと店頭販促を行えば、お店の周囲を行き交う人々からの注目を一気に集め、ガバッと集客することが出来ます。つまり、販促物当たりの集客数が非常に多いのです。**

その上、一度、餌を食べられたら終わりの一本釣り（要は、投函・郵送したら終わりのポスティングやDM）と違って、老朽化などで撤去するまでは、ずっと店前でアピールし、お客様を集め続けてくれます。その間の追加コストは、ほぼゼロです。

しかし、「一本釣り」のポスティング・チラシ・DM・ネット広告と比べると、店前を行きかう多くの人々がターゲットとなるだけに、レスポンス率は劣るじゃないか？という考えが浮かぶと思います。

確かに、矢は先端が尖れば尖るほど、相手に刺さりやすくなるもの。店頭販促に限らず、〝みんなに向けて訴える販促物〟は、心に刺さりづらいことが多く、ターゲットが狭まれ

イカ釣り漁船イメージ

ば狭まるほど、相手の心に深く響きやすくなります。

しかし、こうした心配は、実は店頭販促の設計次第でいくらでも改善が可能です。

例えば、看板や壁面パネルなど、面積が大きく目立つ販促物に集魚灯の役割を担わせて多くの人々を集める一方で、店頭ボードやＰＯＰなど、書きかえが容易で、小回りが利く販促物には、特に獲得したいターゲットに最も響きそうな内容をアピールすることで、一本釣りの如く、集客を狙う…。

これは一例であり、どの様に設計をしていくかはお店の数だけプランが存在するわけですが、いずれにせよ、上手く設計さえできれば、店頭販促が持つ「一度に大量のお客様を獲得できる」という特長に加え、他販促物が持つ「お客様に響きそうな内容の販促物を作成できるので高いレスポンス率が期待できる」という特長も得ることができます。

（２）無人でも集客し続けてくれる

序章でも少し触れましたが、強い店頭ファサードとなれば、スタッフが外に立って集客する必要がなくなります。

店頭販促物がスタッフに代わって、お店の存在や魅力をアピールしてくれるため、無人でもどんどんお客様を店内へ呼び込んでくれるのです。

そのため、今まで外で呼びこみをさせていた時間を、接客サービスの充実や店内整備に充てたり、更にお店を繁盛させるためのミーティングや勉強の時間に充てたり、他の仕事に使える様になります。


そもそも、店員から声がけされることを苦手に感じるお客様は多いものです。特に、来店や購入を決意していない段階では、その傾向が強くなります。

それを体感したのは、社会人なりたての頃です。私は大学を卒業後、某ファッションメーカーに入社し、百貨店で販売員をしていました。

当時、お客様が売場にいらしたら、すかさず近寄り、「どうぞ、ゆっくりとご覧ください！」「何かございましたら、お尋ねください！」などと、何かしらの声をかけるのが社内マニュアルでした。

その時のお客様は、目を合わせず、「あ、はい…」とだけ返事をしたり、無言で会釈をしたり。反応してくれるのはまだ良い方で、無視されることもザラでした。

来店したばかりで、お目当てのアイテムを見つけていない段階でのお客様は、驚くほど素っ気ないものでした。

お声がけをした後は、傍から離れ、作業をしながら、お客様を横目で観察し続けます。

少し販売経験を積めば、気になるアイテムを見つけた時のお客様の様子はすぐに分かる様になりますので、そのタイミングが来たら、再び、お声がけします。

この時のお客様は、気になるアイテムを見つけて、先程よりも購入意欲が高まっている状態であり、同一人物とは思えないくらい、こちらからの声がけに積極的に対応してくれるものです。

この様に、まだ購入意欲が高くない状態のお客様の多くは、店員と親しくすることを避けたいという心理が働きます。声をかけられた際に、親しく対応してしまうと、一気に売り込まれそうで嫌という気持ちが働くためでしょう。

実際、当時の私は、最初の声がけに対して、親しく対応してくれたお客様は「この方は、買う気が非常に高い」と判断し、更に話しかけ、売り込みを強めていました。

さて、これは店内での話ですが、店外でも、ほぼ同じ様なことが言えます。

例えば、道を歩いている時に、通りかかったお店が気になって、どんな感じの店内かな？と覗こうとしたら、すかさず、外に立っていたスタッフから「いかがですか？中を見ていきませんか？」などと矢継ぎ早に声をかけられたら…。

まだ来店を決意していないと、若干、引いてしまうというお客様は少なくないでしょう。その点、**物を言わぬ店頭販促であれば、お客様に全く嫌がられることなく、存分にお店の魅力やウリをアピールすることができます。**

更に、店頭販促が優れているのは、無人だからこそ、繰り返し何度もアピールできるという点です。

例えば、百貨店やショッピングモールのレストランフロア。ワンフロアに複数の飲食店が並んでいるシーンを想像してください。

どこで食事しようかな?と、お店を見て回っていると、店頭に立っていたスタッフから「今なら、すぐにご案内可能ですよ！」と声をかけられました。他のお店も見てみたかったので、「もうちょっと考えてみますね」と断ったとします。

一通り、ウロウロと見ているうちに、再び、声をかけられたお店の前に戻ってきました。すると、すかさず、同じスタッフから、「お帰りなさい！どうですか？入りません？」なんてお声掛けをされたら…。

余程、呼び込みが上手いスタッフがやらないと、「しつこいお店だな…」「人気がないお店だから必死なのかな？」などと、ややゲンナリさせてしまいかねません。

しかし、店頭販促は違います。

店頭ボードやＰＯＰなどを見た後、「もう少し、他のお店も見てみよう」と、一度、お店を後にしたとします。

その後、再び、同じお店に戻ってきた際、店頭ボードやＰＯＰが出ていたからと言って、「しつこい店だな」なんて、絶対に思わないはず。つまり、**決してお客様に不快感を与えず、何回もアピールできる**わけです。まさに、無人でアピールができる店頭販促ならではのメリットです。

ただここで、一つ注意点があります。〝来店意欲・購買意欲が高くない状態で売り込まれたくない〟という心理は、土地柄・客層・シチュエーションなどで変わります。来店・購買意欲が高くない状態でも、店員と束の間のコミュニケーションを楽しみたいという方もいますので、店頭での呼び込みが絶対にダメとは断言できません。

そのため、最終的には自社のカラーや客層などを見て判断してほしいのですが、一般的には、まだ来店を決意していない段階で店員から声をかけられるのは苦手と感じる人が多いです。そして、店頭販促ならば、お客様に一切のストレスを与えずに、アピールすることが出来るのです。

(3) 24時間365日、アピールし続けてくれる

看板を、毎日、閉店後に取り外すお店はないはず。横断幕やタペストリーは、台風などが来ない限り、吊るしっぱなしというお店が多いでしょう。

つまり、店頭販促とは、24時間365日、ファサードでお店のことをアピールし続けてくれるのです。社内に、こんなに働きもののスタッフは存在しないはず。

他販促物と比較しても、店頭販促は非常に優秀です。

チラシやＤＭは、配布したら終わりです。受け取ったお客様がゴミ箱に入れたら、二度と見てもらうことは出来ません。その点、店頭販促はお店側が撤去するまでは、ずーっとアピールし続けることができます。

他販促の中でもリスティング広告は、設定さえしておけば、24時間365日アピールし続けてくれますが、都度、コストが発生します。

その点、店頭販促は初期費用のみ。店頭ボードやＰＯＰといった手書き販促ツールは定期的に書き直す必要があるので、筆記具代などの追加コストがかかりますが、リスティング広告代に比べれば、その費用は非常に微々たるものです。

でも、24時間365日アピールし続けてくれることに意味があるのか？

お店が営業していない時にアピールして意味があるのか？

大いにあります。なぜならば、全ての見込み客がお店の営業中にしかお店周辺にいないとは限らないからです。特に、都会にあるお店ほど、開店前も閉店後も、誰かしらはお店の前を行きかっているものです。

例えば…毎日、残業続きの会社員。帰宅するのはいつも夜中であり、お店はとっくに閉店している時間。そんな会社員が、ふと、通りがかりにお店の看板やタペストリーを見て、「へぇ、近所にこんな良さそうなお店があったんだ。今度、ちょうど代休があるから、来てみよう」…なんて考えないとは言えません。

だからこそ、もし、立地や環境的に許されるならば、看板やタペストリーだけでなく、いつもは閉店と共に片づけている店頭ボードやＰＯＰなども、出しっぱなしにすることをお勧めしています。

私はこれを「**店頭ボード・ＰＯＰの時間外戦略**」と呼んでいます。

実際に閉店後も、ボードやＰＯＰを出しっぱなしにして、アピールを続けているお店はいくつもあります。

ある焼肉屋さんは、閉店後、閉じたシャッターの前に、ボードを置いて、営業時間や名物メニューの紹介をしています。駅近くのお店のため、営業時間外もかなり人通りが多く、シャッター前に置かれたボードを立ち止って見ていく人も少なくありません。

ちなみに、この焼肉屋さんで使用しているボードはかなり年季が入っているので、恐らく、以前は営業時間中に用いていたものだと推測できます。

基本的には、使い古したボードは、不潔感を抱かせる危険性があるのでお勧めしませんが、閉店後に限っては例外。いつ盗まれたり、壊されたりするか分かりませんので、真新しいものを使うのはもったいないからです。そのため、もし営業時間外にボードを出すとしたら、わざわざ新調せず、今あるものを使うので十分です。

あるリペアショップは、店舗外壁がガラス張りという点を生かし、店内からガラス壁に密着させるようにボードを置いて、その部分のみ、終日、ライトで照らしています。そのため、閉店後の夜中でも、外を歩く人は店頭ボードの内容をしっかりと読めます。

あるオフィス街のお弁当屋さんは、営業時間が11時～14時のみで、それ以降は店を閉じて、仕込みなどをされています。

こちらのお弁当屋さんもしっかり時間外戦略に取り組んでいらして、閉じたシャッターと外壁に、A４サイズでプリントアウトしたお弁当の写真をズラーっと貼り出しています。閉店後といっても、14時や15時は日が高く、多くの会社がビジネスアワーですので、店前には多くの人が行きかっており、注目を集めています。

最後は不動産屋。大抵の不動産屋では外壁のガラス面に物件情報をプリントした紙を貼っています。これも立派な店頭販促の一つですが、時間外戦略の重要性を気づいている某不動産屋は、物件情報の紙をライトで照らしたり、LEDライトパネルの上に物件情報の紙を貼りつけてガラス壁に吊るし、夜中でも見える様に工夫したりしています。まるでイルミネーションの様に目立つこともあり、立ち止まっている人を多く見かけます。

ここで紹介した時間外戦略のやり方は、あくまで一例です。

いずれにせよ、やる気とアイディア次第では、24時間３６５日働いてくれる、頼もしい存在となるのが店頭販促の強みの一つです。

第2章

店頭販促の基本的な考え方

集客力の高いファサードをつくるための基本的な考え方

店頭販促で集客するための3つの要素

序章・1章では、主に店頭販促を行う意義について説明しました。本章では、店頭販促を用い、強い店頭ファサードを作るための考え方や方法論について解説します。

まず、始めに、「**3パーツ式店頭ボード®法**」について触れたいと思います。

「3パーツ式店頭ボード®法」とは、私が編み出した〝**集客力のある店頭ボードを書くためのテンプレート**〟です。

これまでに、のべ30万を超える膨大な数のお店を見てきた中で、集客力の高い店頭ボードには共通点があるということに気が付きました。それは、店頭ボードの中に、次に挙げる3つの要素が込められていることが多いということです。

①B…Brake「ブレーキ要素」↓目と足を止めさせる要素
②A…Appeal「アピール要素」↓商品・サービスの魅力を伝える要素
③C…Carry「キャリー要素」↓スムーズに入店させる要素

それぞれの要素を簡単に説明します。

①B…ブレーキ要素とは？

店前において用いる店頭ボードの対象は、基本的にはお店の前を行きかう人々、すなわち移動している人です。そのため、一瞬で注意を引きつけ、立ち止まらせる様な要素が必要不可欠となります。それがなければ、お店の前を通り過ぎて、すぐに別の場所に行ってしまいます。つまり、目と足にブレーキをかける様なコピーだったり仕掛けだったりが必要であり、それがブレーキ要素の役割です。

②A…アピール要素とは？

店頭ボードで紹介しようと選んだ商品・サービスの魅力やウリをアピールすることで、ボードを見た人に「良さそうな商品・サービスだな。ぜひ、このお店に入ってみたいな！」と思ってもらうための要素のことです。

この要素が欠けていると、例えブレーキ要素で足を止めてくれたとしても、永遠に来店意欲を持たせることはできず、〝通行人〟を〝お客様〟に変えることは不可能です。

③C…キャリー要素とは?

お客様は入店前に様々な不安を抱きます。「どんな雰囲気のお店だろう?」「どこから入店すればいいの?」「新規客も歓迎されるかな?」「クレジットカード使えるかな?」「席は空いているかな?」…などなど。

些細な不安かもしれませんが、これらが入店を阻《はば》む大きなハードルにもなり得ます。来店率を上げるには、そうした入店前にお客様が抱くであろう不安を解消し、入りやすい印象を持ってもらえる様なコピーや仕掛けが必要であり、それがキャリー要素の役割です。

キャリーとは、取っ手とキャスターが付いたキャリーバッグから命名しました。キャリーバッグを引っ張るが如く、スッと速やかにお客様をお店の中へ引き込むイメージです。

各社・各店で、表現方法は様々ではありますが、「惹かれるな」「入ってみたいな」「利用してみたいな」「食べてみたいな」と感じる様な店頭ボードには、大抵、3つの要素を見つけることができます。

ということは、ブレーキ要素・アピール要素・キャリー要素を意図的に入れ込めれば、集客力の高い店頭ボードになり得るということ。そこで、私は、ブレーキ要素・アピール要素・キャリー要素を、最も効果的に訴えることができる店頭ボードのレイアウトを考案

「3パーツ式店頭ボード®」図解

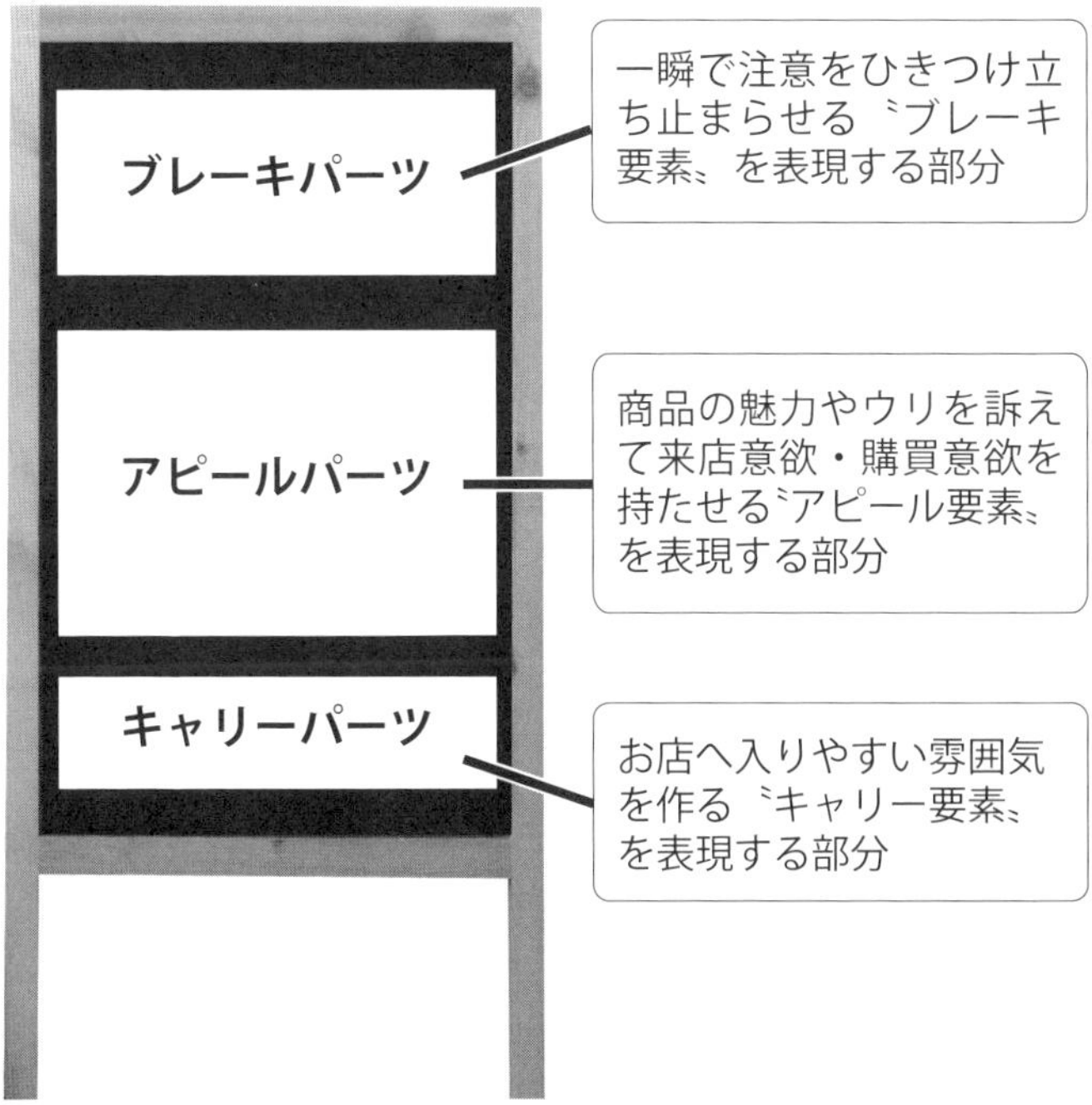
ブレーキパーツ
一瞬で注意をひきつけ立ち止まらせる〝ブレーキ要素〟を表現する部分
アピールパーツ
商品の魅力やウリを訴えて来店意欲・購買意欲を持たせる〝アピール要素〟を表現する部分
キャリーパーツ
お店へ入りやすい雰囲気を作る〝キャリー要素〟を表現する部分

しました。

それが、「3パーツ式店頭ボード法」なのです。

前ページの図の通り、ボードを3つのパーツに分けて考えるから、「3パーツ式店頭ボード法」と名づけました。

上のパーツにブレーキ要素を、中央のパーツにアピール要素を、下のパーツにキャリー要素を表現する内容を書きます。

店頭ボードは、「ボードのこの位置に、こういう内容を書かなくてはいけない！」というルールは一切ありません。そのため、自分の好きな様に書くことができ、思う存分、お店の個性を発揮できるわけですが、店頭ボードへの苦手意識の強い方や初心者には、その自由さが却ってストレスとなることが、しばしば。

一方、「3パーツ式店頭ボード法」では、前ページのイラストで紹介した通り、あらかじめ、各パーツ毎に、どの様な要素を表現するコピーを書けば良いのかが決まっています。そのレイアウトは集客効果を得るために練りに練った究極のレイアウトです。

そのため、その通りにボードを書くだけで、初心者の方でも効果的なボードを書くことが出来るというわけです。

この「3パーツ式店頭ボード法」は、おかげ様で非常に多くの会社やお店で採用されており、私も全国各地で指導をしています。過去の著作や雑誌記事でも幾度となく紹介していますので、もしかしたら、目にしたことがあるという方もいるかもしれません。

さて、過去の著作や雑誌記事では触れず、コンサルティングや企業研修といったクローズドな場所でしかお伝えしてこなかったのですが、実は、ブレーキ要素・アピール要素・キャリー要素の3要素は、集客力のある店頭ボードだけに限ったことではありません。

集客力のあるファサードを観察してみると、高い確率で、ブレーキ要素・アピール要素・キャリー要素の3つを見つけることが出来ます。

つまり、**ブレーキ要素・アピール要素・キャリー要素は、集客力の高いファサードを構築する際にも必要不可欠**なのです。

店頭ボードの場合は、1枚のボードの中で、ブレーキ要素・アピール要素・キャリー要素を表現できる様に書きます。

一方、ファサードの場合は、お店の外側全体を一つのキャンバスと捉え、ファサード全体を使って、ブレーキ要素・アピール要素・キャリー要素を表現します。

例えば、ある一軒のお店。

店舗正面に大きく派手な看板が設置されています。この看板で、通行人の注意をひきつけ、立ち止まらせます。**（ブレーキ要素の役割）**

入口ドア近くには、1枚の手書きの店頭ボードが置かれています。このボードでお店の魅力や目玉メニューを巧みに売り込むことで、立ち止まってくれた人に入店意欲を持たせます。**（アピール要素の役割）**

店前には沢山のノボリが置かれており、活気ある店内や元気の良いスタッフの姿を想像させ、入店を迷っている人の背中を押してくれます。**（キャリー要素の役割）**

要は、看板にブレーキ要素の役割を、店頭ボードにアピール要素の役割を、のぼりにキャリー要素の役割を担わせ、集客を図っているということです。

この集客ストーリーは、かなり単純化したもので、実際はもっと複雑かつ緻密《ちみつ》ではありますが、原則的には、例に挙げたとおり、3つの要素を散りばめることで、集客力の高いファサードを作り上げることができます。

【３つの要素を用いた集客ストーリー例】

店頭販促は、お店のテイストで180度、変わる！

3つの要素に加え、「**販促物の数**」「**販促ツールの種類**」「**販促物の内容**」によっても、ファサードの集客力は大きく変わります。

まずは「**販促物の数**」について。

一般的に、ファサードで用いる販促物の数が多くなれば多くなるほど、お客様は入店しやすさを感じます。逆に、販促物の数が少なくなると、敷居が高く、やや入りづらい雰囲気となります。

店頭販促物の数とお店への入りやすさは比例すると考えていいでしょう。

では、とにかく販促物の数を増やして、入りやすいお店にすることが正解かというと、そうは一概には言えません。

バッグ屋さんを例に出して考えてみます。

東京の銀座や青山にある様な世界的ブランドの高級バッグショップを思い浮かべてみてください。ファサードにノボリや店頭ボードといった店頭販促は、まず、ないはず。

実施している店頭販促といえば、ブランドロゴを伝える非常にシンプルな看板と、凝った演出がなされたショーウィンドウくらいでしょう。

一方で、同じく東京の原宿や渋谷にある様な中高生でも買いやすい価格のバッグショップのファサードを思い浮かべてみてください。

看板やショーウィンドウはもちろん、店頭ボードや店頭ＰＯＰ、パネルスタンドなどを用い、最大のウリである低価格を派手にアピールしているはず。

両者を比較した場合、どちらが一人の客として入りやすいかは明白です。高級ショップは入るのに緊張感を持ち、低価格ショップには気軽にフラッと入ることができる人が多いと思います。

では、高級ショップは入りづらくていいのか？　ファサードに販促物の数を増やせば、入りやすい雰囲気を出せるのではないか？　という疑問が湧くかもしれませんが、高級ショップは今のままでいいのです。

バッグに限らず、高単価のお店は、商品だけでなく、憧れやステータスなどの付加価値も売っています。そのため、「いつかは来店してみたい」「いつかは手に入れたい」という憧れを持ってもらうことも重要であり、敷居が高くて、入りづらいファサードは、むしろ販促の一環です。

もし、高単価のお店が、低価格のお店の様にファサードで派手に店頭ボードやノボリを展開したら、ブランド価値を毀損《きそん》し、逆効果にもなります。あえて販促物の数を抑えることこそが、ファサードの集客力を最大化する方法なのです。

次に「**販促ツールの種類**」について。

数ある店頭販促ツールの中から、どんなツールをチョイスし、採用するかもファサードの集客力を左右します。

例えば、販促ポスターを入れるパネルスタンドと、手書きの店頭ボード。（左ページの上部画像を参照）

どちらも同じくらいのサイズ、かつ、地面に置いて用いる販促ツールと、共通項が多く似ていると感じるかもしれませんが、実は、見た人に与える印象は全く違います。

デジタルで作成したポスターをアピールするパネルスタンドよりも、手書きメッセージでアピールする店頭ボードの方が書き手の匂いが宿るので、温かい雰囲気を演出でき、より入りやすいファサードとすることができます。

「それならば、パネルスタンドより、店頭ボードを採用した方が集客できそうだから、採用しよう！」

…なんて単純な問題ではありません。

先程同様に高単価のお店やカッコイイ雰囲気を重視するお店の場合、手書きボードで温

SPECIAL OFFERS
Christmas SALE
Holly Jolly Christmas!
クリスマス
特別セール開催中
冬物アイテムが
最大50%オフ!
12月25日まで!
ぜひ、お立ち寄り下さい。

「パネルスタンド（左）」と「手書き店頭ボード（右）」

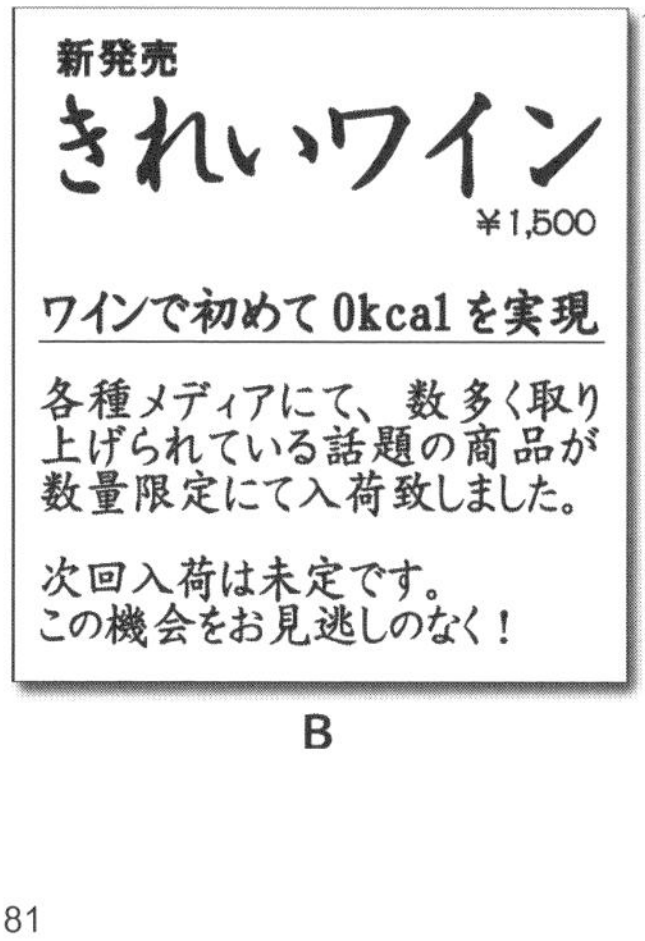
新発売
きれいワイン
￥1,500
ワインで初めて0kcalを実現
各種メディアにて、数多く取り上げられている話題の商品が数量限定にて入荷致しました。
次回入荷は未定です。
この機会をお見逃しのなく！

B

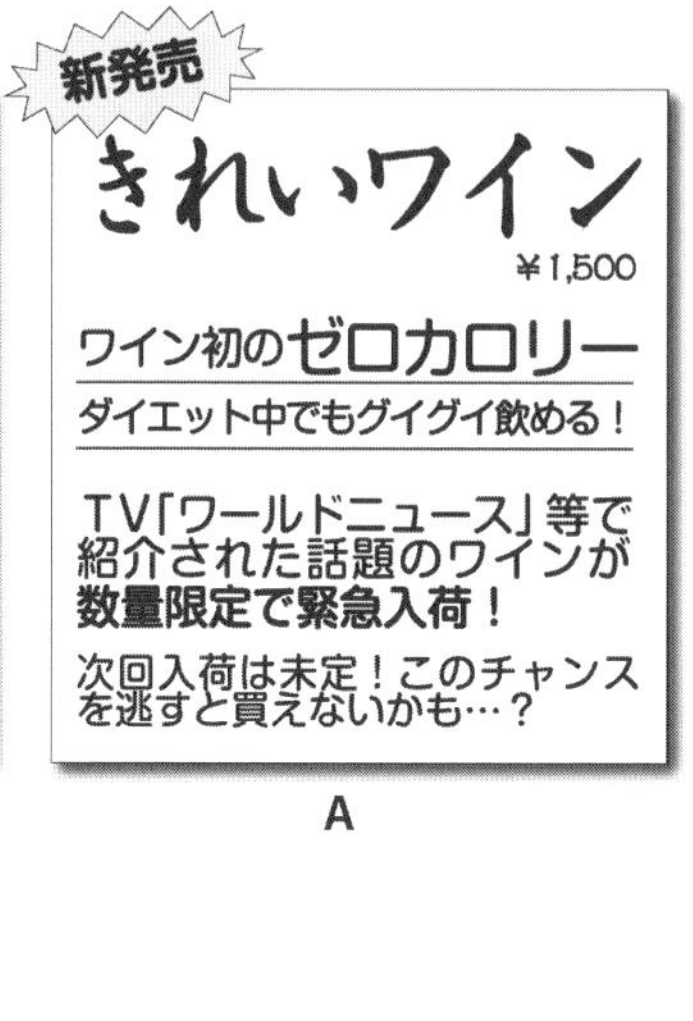
新発売
きれいワイン
￥1,500
ワイン初のゼロカロリー
ダイエット中でもグイグイ飲める！
TV「ワールドニュース」等で紹介された話題のワインが
数量限定で緊急入荷！
次回入荷は未定！このチャンスを逃すと買えないかも…？

A

かい雰囲気を演出するよりも、パネルスタンドにオシャレなポスターを飾り、あえて敷居の高い雰囲気を醸し出した方が適している場合もあるからです。

最後が「**販促物の内容**」について。

販促物の種類を問わず、最も集客力に影響を及ぼす部分と言っても過言ではありません。どういった文章を書くか？　どんなフォントを使うか？　どんなデザインにするか？…など、考えるべき項目は本当に多岐に渡ります。

一例を出します。前ページ下部にあるAとBをご覧ください。

実は、よくよく読んでみると、訴えている内容自体は、ほぼ同じです。しかし、違う文章の様な印象を受けるのは、売り込みの匂いの強さを変えているからです。

Aは売り込みの匂いを強く、Bは売り込みの匂いが少なくなる様にしています。

同じことを伝える文章を考えるにしても、売り込みの匂いを調節することで、与える印象は変わります。

これも、Aの様に売り込みの匂いが強い方が、購買意欲を持たせられるから良いと考えがちですが、前述した高単価のお店だったり、カッコイイ雰囲気を重視するお店だったり、お店のカラーや客層によっては、あえて、売り込みの匂いを抑えた文章の方が吉となる場合もあります。

以上、ファサードの集客力に影響を与える3つのポイントについて解説しました。

「結局、販促物の数は多い方が正解なの？ 少ない方が正解なの？」と、つい答えを求めたくなるかもしれませんが、そんな単純な問題ではありません。

・高価格のお店か？ 低価格のお店か？
・入りやすい雰囲気が重要か？ スタイリッシュな雰囲気が重要か？
・若年層が対象か？ 高年層が対象か？…など。

お店の個性や立ち位置、獲得したい顧客層によって、正解は変わります。

確実に言えることは、隣のお店のファサードを、ただ真似しているだけでは、絶対に集客力の高いファサードは作れないということ。

自社・自店の目指すべき点を考慮して、店頭販促物の数・ツールの種類・内容を吟味していくことで、自社・自店にとって集客力の高いファサードを作り上げることが出来るのです。

集客力が弱いファサードに共通する3つのパターン

ファサードは〝ジグソーパズル的な思考〟で考えよう

集客力の高いファサードは、お店の個性や立ち位置によって千差万別な部分があるのですが、逆に集客力が弱いファサードについては、大抵は、３つのパターンに分けられます。

【パターン1　販促物が圧倒的に足りていない】

ファサードに対して、店頭販促物の数が絶対的に足りていないがために、先に挙げたブレーキ要素・アピール要素・キャリー要素のいずれか、もしくは、全てが欠けてしまっている状態。

【パターン2　全体バランスがとれていない】

パターン1は店頭販促物の数が少ないことが問題だったのに対して、パターン2は、適切な店頭販促はなされているものの、「看板は、看板」「タペストリーは、タペストリー」「店頭ボードは、店頭ボード」といった具合に、販促物単位で考えてしまっているがために、全体で見ると、チグハグでバランスがとれていない状態。

【パターン3　そもそもの販促物の出来が悪い】

看板の表記が分かりづらい、店頭ボードの売り文句が弱い、販促物を設置する場所を間違っている…など、販促物のレベルや実施方法に問題がある状態。

過去の経験から、集客力が弱いと感じるファサードの大半は、これら3つのパターンに分類されることが多いです。しっかりと店頭販促を行っているのに、手ごたえを感じられないというお店は、いずれかに該当している可能性が高いと思った方が良いでしょう。

後ほど、3つのパターンの詳しい解説をお伝えしますが、その前に…。

突然ですが、ジグソーパズルをやったことはありますか？

一度は、経験したことがあるという方が多いと思います。

なぜ唐突にジグソーパズルの話をしたかというと、様々な店頭販促を用いて、集客力のあるファサードを構築することは、ピースを一つ一つ組み合わせて、絵柄を完成させるジグソーパズルと非常に似ているからです。

ジグソーパズルは、たった一ピースでも欠けていれば、永遠に絵柄は完成しません。また、違うパズルのピースを持ってきても、はめることは出来ません。例え、無理矢理に力づくで、はめたとしても、そのピース部分だけ浮いてしまいます。

こうしたジグソーパズルの特徴は、実は、店頭販促と非常に似ています。そのため店頭販促を構築してく際には、ジグソーパズルを意識して考えると、理解しやすくなります。

例えば、【パターン1　販促物が圧倒的に足りていないファサード】は、ジグソーパズルで言うと、ピースが足りていない状態。

ピースが足りていないので、いつまで経っても、決定的に「何か」が抜け落ちているファサードであり、集客力も弱いままです。一つ一つのピースを適切な位置に、不足なく、はめ込んでいくジグソーパズルの様に、各種店頭販促物を、ファサードの適切な位置に、不足がない様に置いていく必要があります。

【パターン2　全体バランスがとれていないファサード】は、違うパズルのピースを、無理矢理、はめ込んでいる様なもの。

一つ一つは及第点を取れていたとしても、全体を見た時に、その部分だけ浮き上がってしまっていたり、チグハグなファサードになってしまったりしているのです。
ジグソーパズルを完成させるには、細部だけを見ていたのでは決して出来上がりません。手持ちのピースがピタっとハマるのはどこか？を見極めるために、常に全体バランスを見る必要があります。

店頭販促も同様に、一つの販促物だけを注視するのではなく、各販促物をどこに配置すれば、最も強いファサードを作れるのか、全体のバランスを考えなくてはいけません。

【パターン3　そもそもの販促物の出来が悪いファサード】だけは、少し毛並みが変わります。パズルはきちんと完成しているものの、そもそものパズルの絵柄が好まれるものではない状態。これについては、絵柄を検討し直す必要があります。

この様に、店頭販促を構築する際には、勘で実施するのではなく、ジグソーパズルを完成させる様子をイメージしながら、「ピース（販促物）の数は足りているか？」「誤ったピース（販促物）をはめ込んでいないか？」など、チェックを入れながら実施していくべきなのです。

【集客力の弱いファサード　パターン1】

販促物が圧倒的に足りていないファサード

店主の過信が招いた致命的ミス

以前、飲食店Dを指導した時の話です。D店は1980年代に創業。東京近郊の下町情緒溢れる私鉄駅から徒歩3分。朝から晩まで歩行者や自転車の往来がある道沿いのビル1階にあります。

創業以来、店舗の場所は変わっていないそうで、入れ替わりの激しい飲食業界において、変わらずに同じ土地で営業を続けているということは、人気・実力を兼ね揃えたお店と言えるかと思います。

それだけに、店主は「うちは、地元では有名店なんだよ」と、知名度に絶対的な自信をお持ちで、本来ならば外部からのサポートなんて必要はないという勢いでした。

では、なぜ、弊社にご依頼いただいたかというと、私の本を気に入ってくださり、著者本人に会ってみたかったという興味本位が半分。

また常連さんが多くて、十分、繁盛しているけれど、その割には、なぜか新規客が少なく、もう少しだけ新規客を獲得できたらいいなぁ…という希望からでした。

早速、ファサードを拝見したところ、まさに【パターン1　販促物が圧倒的に足りていない状態】でした。

「うちのお店は知名度があるんだ」という店主の絶対的自信を体現するかの如く、ファサードにある店頭販促物は、看板と店頭ボードのみ。知名度があるから、これ以上の余分な店頭販促物は不要とのことでした。

看板は、筆文字風の書体で、店名である「D」とのみ印字され、ビル正面の入口ドア上に掲げられていました。店頭ボードについては、入口ドア横に置かれていて、日替わりメニューを紹介する内容でした。

店主は現状のファサードに自信満々でしたが、正直、客観的に見て「これでは、新規客は少ないだろうな」と、すぐに感じました。それはなぜか？

まず、看板。かなり年季が入っていて、文字が消えかかってい上、店名の「D」とあるだけで、ショルダーネームがありません。

ショルダーネームとは、「海鮮居酒屋 中村」「ドッグカフェ 中村」「餃子とワイン　中村」など、どんなお店なのか？どんな特徴があるお店なのか？を表す言葉のことです。

店名から、業態や特長がイメージできるのであれば、ショルダーネームは無くても構いませんが、例えば「中村」の様に店名を聞いただけでは業態も特徴も理解してもらえない場合は、看板にショルダーネームを入れることは、店頭販促の基本中の基本です。

D店も「中村」同様、聞いただけでは業態も特長も分からない店名にも関らず、「D」と書いているだけの看板でした。その上、前述の通り、看板は古く、目を凝らさないと文字が読みづらいという状態…。そのため、一見して、何のお店なのかが、全く通行人に伝わっていませんでした。


次に店頭ボードについて。もし、D店の目的が〝常連さんのリピート来店〟であれば、日替わりメニューの様な「いつもと違う部分」を訴えることは有効な手段の一つです。

しかし、店主の希望は〝新規客の獲得〟です。

一般的に、新規客は、日替わりメニューよりも、人気メニューや名物メニュー・グランドメニューを知りたがります。お店に対する情報がゼロなので「いつもと違う部分」よりも、「定番」や「基本的な部分」を、まず、知りたいと考えるためです。

しかし、D店のファサードには、それらを伝える販促物が一切ないため、新規客が来店してみたいという動機に欠けていたのです。

また、そもそも、創業して約40年というファサードは全体的にくたびれており、清潔感に欠け、入りづらい雰囲気…。実は、店頭販促を駆使すれば、そうした入りづらい雰囲気はいくらでも緩和できるのですが、その様な販促物も一切、ありません。

つまり、D店のファサードは販促物の数が圧倒的に足りておらず、結果として、通行人の注意をひきつけて足を止めるブレーキ要素も、来店意欲を持たせるためのアピール要素も、ストレスなく入店させるためのキャリー要素も全てが欠けていたのです。

私は店主に現状のファサードの課題点を伝え、一つ一つ、「この位置にはこういう内容の販促物を置いてください」といった具合に、店頭販促の改善プランを提案しました。

弊社がコンサルティングを実施し、改善プランを提案する際には「なぜ、こういう販促物を置くと集客力が増すのか？」というファサード販促理論を説明すると共に、実際に看板やパネル・店頭ボードなどの販促物をファサードに設置した際のアフターイメージ写真を記載した〝コンサルティング提案書ブック〟をお渡しします。（次ページ参照）

口頭だけの説明ではなく、アフターイメージ写真付きのブックがあることで、改善後のファサードの様子が容易に理解できるのが特長です。

店主は最初は半信半疑な様子でしたが、ブックに掲載されたアフターイメージ写真を見

《 コンサルティング提案書ブック 》 イメージ

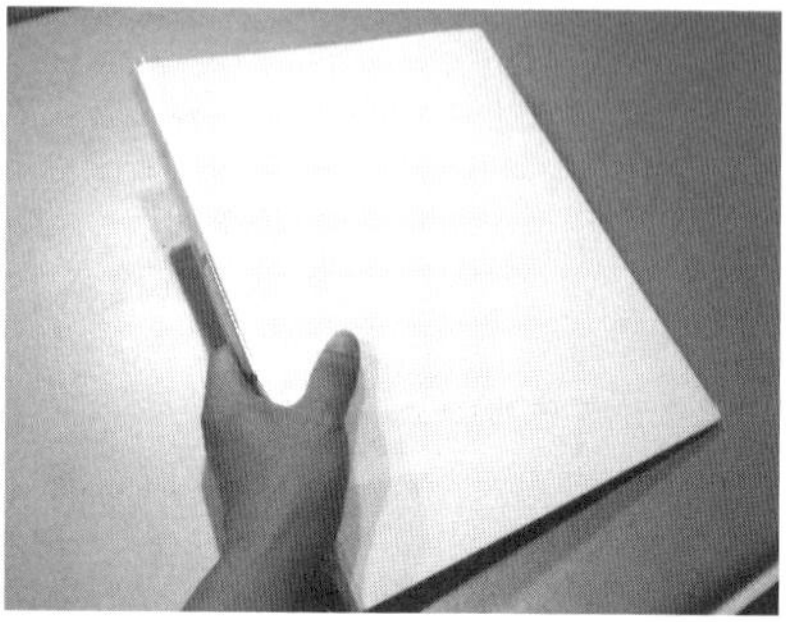

て決心してくれたらしく、弊社の提案通りの販促物に改善してくれました。

その結果、「前から興味があったのですが、思い切って入ってみました！」と、お店の存在を知ってはいたけれど、入りづらさを感じていたという新規のお客様を多く獲得できたそうです。

また、「こんなところにお店があるのは知りませんでした！」「新しくオープンしたんですか？」という新規客もいたそうで、これには店主は驚かれていました。

知名度に絶対的な自信を持っていましたが、現実には、まだまだD店を知らない人々が、たくさん存在したというわけです。

「あなたのお店を、誰も知らない」

自分が思っているほど、世間の人々はお店のことを知らないものです。

D店の様に約40年も同じ地でやっている様なお店でも、「知らなかった」と言われることがあるくらいですから、もっと歴史が浅いお店ならば、尚更、そうでしょう。

更に言えば、**世間の人は、あなたのお店に全く興味がありません。**

…いえ、もちろん、現実には、そんなことはないでしょう。どんなお店にも、興味を持っていて、「いつか行ってみたいな」と願っているお客様候補は、多かれ少なかれ、存在すると思います。

しかし、お客様に期待をしてはいけません。

「街行く人々は、お店のことを知ってくれている！」

「うちのお店に、強い興味と関心を持ってくれている！」

こうした根拠なき自信を持つと、店頭販促で、『惹きつける努力』『伝える努力』『入りやすくする努力』を怠る原因となり、販促物が足りていないファサードを作り出します。

自社・自店の知名度はやや過小評価した方が、お客様にとって分かりやすく、強いファサードが構築できます。

特に、テレビCMを頻繁にしている、3桁以上の店舗を運営している、といった会社は要注意です。過去のコンサルティングや企業研修の経験から、いわゆる有名な会社ほど、自分たちの知名度を過信し、販促物の量が全く足りない集客力の弱いファサードになってしまっていた…なんてことが、何度もありました。

ここで一つ、エピソードを紹介したいと思います。

前章で百貨店で働いていた話をしましたが、その後、私は通販会社に転職をしました。

一般的な会社では、職種別に担当する業務の範囲が決まっていると思いますが、私が転職した会社は、中小企業で人員に乏しかったことに加え、社長が「何事も一気通貫でやるべき」という考えを持っていたため、商品企画から、ネット広告やチラシ・ＤＭ・新聞広告といった全販促物の制作、果ては受発注や発送作業まで行っていました。

当時は、業務の幅が広くて大変でしたが、今となっては貴重な経験であり、特に多様な販促物の制作に携われたのは、現在の仕事にも非常に活きています。

さて、忘れもしない、ある冬の日。転職してから初めて、会社が某全国新聞に広告出稿することとなりました。

朝起きて、「今日は新聞広告が出る日だ！」と、いそいそと新聞を開き、自社の広告を確認しました。自社の広告が全国新聞に載るなんて初めての経験だったので、何とも晴れがましい気持ちでした。そして、こう感じました。「転職を心配していた母もきっと喜んでくれるはず！」

大手企業で働いていた母は、中小企業に転職する私をいたく心配していました。しかし、全国紙に広告が載るくらいの会社だと分かってもらえれば、きっと安心してもらえると思ったのです。運良く、広告が掲載された新聞は、実家でも購読しているものでした。

私は今か今かと、母から「新聞、見たよ！」という連絡が来るのを待ち続けましたが、結局、連絡は無し。痺れを切らし、翌日、こちらから連絡をしました。

私「昨日の新聞見た？ うちの会社の広告が出ていたのよ！」
母「あら、本当に？ 新聞は見たけれど、全く気付かなかったわ」

電話片手に、ガックリしたのと同時に、〝当事者〟と〝その他の人〟では物事の見え方・感じ方が全く違うのだということを痛感しました。

当事者側である私からすると、どの記事や広告よりも自社の新聞広告が目立ち、真っ先に目に飛び込んできました。しかし、その他の人側である母からすると、視界には入っていたかもしれませんが、残念ながら脳には届いていなかったのです。

皆さんも、自社の広告や販促物を見かけると、瞬時に、目に飛び込んでくると思いますが、それは当事者側だからです。

その他の人側であるお客様には、全く届いていない可能性もあります。例え、年間に何十億も広告宣伝費に予算を投じていたとしても、です。

その温度差に気付かず、「うちの会社は、たくさん店舗を構えているし、広告宣伝費もたくさん使っていて有名だから、ファサードは力を入れなくてもいいよ」なんて考えてしまえば、〝名前はそこそこ知られているけれど、集客できないお店〟となります。

そうならない様に、例え、知名度に絶対的な自信があったとしても、謙虚さと懐疑の念を持って店頭販促に取り組むことが重要です。

オシャレなファサードはジワジワ伸びる

さて、D店はお店の知名度を過信した結果、販促物の数が足りていないファサードに陥っていましたが、中には、意図的に、店頭販促の数を絞ったファサードにしているお店もあります。

その代表格が、会員制のお店や隠れ家っぽくしたいお店です。通りすがりの一見さんに来店してほしくないお店は、あえて目立たないファサードにすべく努めています。

一方で、通りすがりの人にも来店して欲しいけれど、あえて販促物は出さないというお店も存在します。それは、ハイセンスなファッションやこだわりの雑貨、アートなどを扱っている様な〝オシャレな雰囲気を何より大事にしているお店〟です。

例えば、東京・代官山にあるアクセサリーショップK店。代官山といえば、ファッション感度の高いお店が軒を連ねています。K店で取り扱っているのも、アーティストが手作りをしているという、一点もののネックレスやブローチです。

さて、そんなK店のファサードを見てみると…

店頭販促物は、A3サイズの用紙に収まる程の小さいブリキの看板のみ。まさに、【パターン1　販促物が圧倒的に足りていない状態】といえます。

しかし、K店の場合は、決して、怠慢や知名度の勘違いで店頭販促物が足りていないわけではありません。

その証拠に、看板はただのブリキではなく、あえて〝錆塗装《さび》〟がされたもの。その上に、文字が映える黄色いペンキで「ｈａｎｄｍａｄｅ　ａｃｃｅｓｓｏｒｉｅｓ　Ｋ」と手書きされているものでした。ファサード全体に目をやってみると、古民家をリノベーションしたらしき店舗はツタを茂らせ、軒先には色とりどりのランタンが吊下げられています。

言葉で伝えるのが難しいのですが、販促物自体は少ないものの、ファサードの随所に、手が施されており、オーナーの並々ならぬこだわりが感じられるものでした。

一般的に、〝販促〟と〝オシャレ〟は相性が良いとは言えません。それは、店頭販促もしかり。よほど綿密な計算をしない限り、ファサードに用いる販促物の数が増えれば増えるほど、オシャレ感は損なわれます。

K店も、こだわりやオシャレという雰囲気を最優先に演出するために、店頭販促物としては小さいブリキの看板を置くに留めているのでしょう。

では、K店の様に、オシャレ感を大事にするが故に、極端に店頭販促物の数を減らしたファサードはダメなのか?というと、一概にはそうは言えません。

しっかりと店頭販促物を置いたファサードは、**能動的ファサード**です。能動的とは、攻めです。お店の存在や魅力を存分にアピールし、自ら積極的に通行人を獲得してくれます。

一方でオシャレ感などを追求し、極端に販促物の数を減らしたファサードは、**受動的ファサード**です。受動的とは、受け身です。

受動的ファサードは、能動的ファサードと比較すると、「お店の存在を気づいてもらいづらい」「お店の魅力を理解してもらいづらい」「お店の中に入ってもらいづらい」という三つの問題点を抱えます。

しかし、「何屋さんだろう?何だか、気になるな!」と、一定の人をひきつける魅力があることも事実。若年層ほど、〃疑問を持ったら、即ネット検索〃が癖づいていますので、「気になる!」と感じたら、その場でお店のことを調べてくれる可能性も高いです。

そして、ネットやSNSで公開されている情報を見て、魅力を感じ、来店してくれるなんてことも少なくないでしょう。

基本的には、しっかりと店頭販促を行った能動的ファサードの方が、多くのお客様を獲得できる可能性は高いので、弊社としては推奨します。

ただし、K店の様に、雰囲気を一番大事にしたいのだという場合は、あえて店頭販促を行わず、能動的ファサードにするという選択肢も有です。

ここから先は、ポリシーの問題なので、正解・不正解ということはありません。

ただ一つ言えることは、「何屋さんだろう？何だか、気になるな！」と惹きつけるためには、あえて販促物を置いていないという雰囲気を醸し出すことがポイントです。

「店頭販促物を置かなくても、集客できる可能性があるなら、真似しようかな！」なんて安直に考えるのは、お薦めしません。

飲食店D店の様に、「単に店頭販促物が足りていないお店」と、K店の様に「雰囲気を大事にするために、あえて店頭販促物を置かないお店」では、傍から見れば一目瞭然です。

そして、後者こそが、お店のことを知りたいという興味をそそることができるのです。

【集客力の弱いファサード　パターン2】
全体バランスが取れていないファサード

「志村けん」は、2人いらない

店頭販促が他販促と違う点はいくつもありますが、その一つに〝全体を考慮する必要がある〟ということも挙げられます。

例えば、チラシ。先週と今週のチラシを並べて見る人は、チラシ好きか、チラシを学んでいる人くらいでしょう。ＤＭやメルマガも同様で、以前のものと見比べる人は稀です。

つまり、チラシやＤＭやメルマガといった他販促の場合、複数を同時に見られる機会がほぼゼロのため、目の前の販促物をいかにレスポンス率の高いものにするか？という点に注力すれば問題ないのです。

対して、店頭販促物は看板・店頭ボード・のぼりといった複数販促物が同時にチェックされます。ファサードという同じ場所に存在し、一緒に視界に入るので当然です。

そのため、一つ一つの販促物を最良の内容にすることに注力すると同時に、ファサードに置かれている他の販促物とのバランスも考慮する必要があるのです。

全体バランスの考慮を怠ると、大きく二つの問題が生じ得ます。

一つ目の問題は、注意をひきつけ、立ち止まらせるブレーキ要素を表現する販促物ばかりになっていたり、魅力やウリを伝えるアピール要素を表現する販促物ばかりになっていたり…といった具合に、どれか一つの要素を表現する販促物ばかりが極端に多くなり、それ以外の要素を表現する販促物が欠如してしまうことです。

例えば、パン屋P店。

ファサードの正面向かって右側に人気商品をアピールする店頭ボードを置き、左側に新商品をアピールするタペストリーを吊るし、ドア横には定番商品をアピールするポスターをパネルスタンドに入れて掲示していました。

十分な販促物の数は出されているし、各販促物の出来も良いのですが、問題が一つ。

それは、〝お店の魅力を伝えるアピール要素の販促物しかないファサード〟ということです。

ブレーキ要素・アピール要素・キャリー要素は、お店のカラーや立地などの条件によって比重は変わるものの、３つが揃うことで集客力の高いファサードとなり得ます。３要素のいずれかが欠けてしまうと、店頭集客力が弱い状態となってしまいます。

二つ目の問題は、テイストや訴求内容が、各所でバラバラになってしまうことです。高級感のある看板なのに、のぼりでは安売りを訴求していたり…。落ち着いた雰囲気のファサードなのに、店頭ボードだけ女子高校生が好みそうなポップなイラストが描かれていたり…。

テイスト・雰囲気・訴求内容などがチグハグなファサードだと、見た人に違和感を感じさせ、入店を迷わせてしまい、取りこぼしてしまうことも起こり得ます。

例えば、都内の某高級住宅街にある和菓子屋O店。

江戸時代から使っているという歴史を感じさせる暖簾《のれん》や、外壁一面に竹を用いたファサードからは、いかにも老舗という風格が溢れていました。

が、入口に目をやると、丸文字とカラフルな色づかいで書かれた店頭ボードが置かれていました。はっきりいって幼い印象です。

O店のファサードと合っていない…むしろ、ファサードの雰囲気を台無しにする様ながっかりな店頭ボードでした。

誤解して欲しくないのですが、決して、丸文字やカラフルな色づかいがダメというわけではありません。ただ、O店のファサードには、似つかわしくなかったということです。

ところで、私は子供の頃、ザ・ドリフターズが好きでした。（若い方はあまりご存じないかもしれませんが、一世風靡した超人気お笑いグループです。）

何度かメンバー交代はありましたが、私にとってのドリフといえば、いかりや長介さん・加藤茶さん・高木ブーさん・仲本工事さん・志村けんさんの5人。

いかりやさんはグループのリーダーでツッコミ役、志村さんはボケ役と、それぞれのメンバーの役割が明確です。

これがもしも、ツッコミばかり5人いたら… ボケばかり5人いたら… あんな人気グループにはなれなかったはず。

お笑いに限った話ではなく、例えば、人気があるアイドルや歌手グループほど、メンバーそれぞれの個性が確立されている様に思います。一人一人は素晴らしい才能を持っていたとしても、グループとして舞台に立つのであれば、全体のバランスを見て、それぞれに違った役割を担わせる必要があります。

これは、店頭販促も同じです。

一つ一つは素晴らしい出来映えの販促物だとしても、ファサードという同じ舞台に立たせるのであれば、全体バランスを見て調整していかなくてはいけません。

ファサード上で「集客ストーリー」を設計する

パターン2の全体バランスがとれていないファサードを避けるためには、店頭販促物を設置する前に、以下の点を考える必要があります。

どの販促物で、足を止めさせ（ブレーキ要素）
どの販促物で、お店に興味を持たせ、理解・共感してもらい（アピール要素）
どの販促物で、お店の中へスムーズに引き込むのか？（キャリー要素）

つまり、3つの要素の役割を、どの販促物に担わせるか？ということを念頭に置きつつ、集客ストーリーを考えるのです。

弊社がファサードのコンサルティングを行う際にも、当然、3つの要素の所在を意識しながら、集客ストーリーを考えます。

具体的には以下です。まず、お店付近の人の流れや周囲の状況を調査します。実際に、お店の周りを何度も歩いたり、時には車を走らせたりして、チェックするのです。

そして、どの位置に、それぞれの要素の役割を担わせる販促物を置くか？を決めます。

立地や雰囲気の他、店頭販促を展開できるスペースの広さなどをトータルで勘案しつつ、決して要素が欠けたり、偏ったりしない様に注意しつつ決定します。

◆あるお店は、看板に、視線と足を止めさせるブレーキ要素を担わせ、タペストリーとのぼりに、入店意欲を持たせるアピール要素を担わせ、店頭ボードに、入りやすい雰囲気を作るキャリー要素を担わせたり…。

◆あるお店は、のぼりに、ブレーキ要素を担わせ、店頭ボードに、アピール要素を担わせ、ＰＯＰやポスターに、キャリー要素を担わせたり…。

集客の弱点をカバーすることに重きを置いて、バランスを決める場合もあります。

◆非常に見通しが悪い位置にあり、道路から目立たないお店の場合は、注意をひきつけるブレーキ要素を担わせる販促物を多く配置したり…。

◆希少性が高く馴染み薄い商品を取り扱っているお店の場合は、

魅力やウリを説明するアピール要素を担わせる販促物を多く配置したり…。

◆地下にお店があって中の雰囲気が見えないなど、入りづらいお店の場合は、入りやすい雰囲気を演出するキャリー要素を担わせる販促物を多く配置したり…。

〝この販促物には、こうした役割を担わせるべきである〟というルールはありません。ただ一つ言えるのはお店毎に最適な集客ストーリーが存在するということです。

本書の対象であるチェーン店を運営する会社などは、「この業態のお店は、この看板・のぼり・タペストリーの販促セットを用いる」といった具合に、ある程度のフォーマットを有し、それに則って、新しいお店を作り上げていくことと思います。

しかし、人の流れや周囲の環境はお店によって全く違います。例え、同じブランドの店だったとしても、お店の数だけ最適な集客ストーリーがあるものです。

十分な数の店頭販促物を出しているはずなのに、集客力が弱いお店の場合は、お店に最適な集客ストーリーが描けていない可能性が高いかもしれません。

今一度、お店の前に立ち、ファサードを見て、店頭販促物がそれぞれの役割を持ち、バランスよく配置されているかを再確認することをお薦めします。

【集客力の弱いファサード　パターン3】

そもそもの販促物の出来が悪いファサード

お客様は無知である、と認識する

やるべき販促はやっている。

どういう流れでお客様を獲得するかも考慮して店頭販促を実施している。

だけど、いまいち、お客様が集まらない…！

こんな悩みを抱えているお店は、店頭販促物のレベルが低い、もしくは、方向性が誤っている可能性が高いです。


店頭販促物の中で、最もレベルの低さや方向性の誤りが出やすいのが、店頭ボードやPOPといった、社員達が自らで作成する販促物です。

一つ、実例を紹介します。

前述のとおり、自社主催・外部主催を問わず、私が店頭ボード販促に関する実務担当者向けセミナーで講師を務める際には、基本的には、実際にボードを書いてもらう実習タイムを設けます。店頭ボード販促のノウハウを学び、身につけるためには、指導者の元で、実際に書くことが重要だからです。

実習では、1章でもお伝えした通り、「自分のお店に店頭ボードを出すとしたら？」と仮定して、ボードを書いてもらうことが多いです。そして、書きあがったものを私がチェックして、良い点・改善すべき点を指摘します。

これまでに、たくさんの参加者の店頭ボードを添削してきました。

飲食店・小売店・化粧品・スーパーマーケット・パン屋・不動産・内科医院・エステ・スポーツクラブ・ピアノ教室・美容室・マッサージ・フリーマーケット…と、本当に多種多様です。ご参加の方々の性別や年齢、役職も様々。

しかし、改善すべき点は、不思議と似通っていました。いくつか共通点があるのですが、その一つが、「**意味が分からない**」**という点**です。

私の様な外部の人間からすると、「このボードは何を訴えたいのか？」という趣旨が理解できなかったり、「どういう商品なんだろう？」といった具合に、商材の魅力が伝わってこなかったり…。

以前、石川県でセミナーを行った際、こんなコピーをボードに書かれた方がいました。

「お土産にどうぞ！金沢棒茶」

金沢棒茶を探していた人・よく知っている人は、こう書かれたボードを見て、来店してくれることでしょう。

一方で、私の様に金沢にもお茶にも疎い人間からすると、街中でボードを見ても、「へぇ、金沢には、そんなお茶があるんだ」と思うだけで、きっと通り過ぎます。

つまり、私の様に金沢棒茶という商品を聞いたことがない人に、魅力を全く伝えられていないので、「お店を見る気」「商品を買う気」を持たせることができていません。これでは、金沢棒茶を知らない人々を、根こそぎ、取りこぼす可能性が非常に高いでしょう。

そういったことを防ぐためには、商品を知らない人でも買ってみたくなる様に、「どういった魅力がある商品なのか？」を説明する言葉を書き足して、興味を持たせる必要があります。

金沢棒茶の例は、まだ字面《じづら》から、〝商材はお茶である〟と分かるだけマシです。

中には、会社独自の商品やお店オリジナルメニューなどを大々的に書いて、一切、商品説明をしないボードを書いた方もいらっしゃいました。

「これって何が言いたいのですか？」

「どこがウリなんですか？」

「そもそも、どんな商品なのですか？」

こう指摘されて初めて、「確かにこの説明だけでは、お客様には伝わらないですね！」「これでは商品の魅力が伝わらないですね」と膝を打たれます。

業界歴が長ければ長いほど、業界外・社外の感覚を忘れてしまうもの。業界の常識は、一般社会にとっては未知であることが多いのにも関わらず、それを忘れて、「いつもの言葉」でボードを書いてしまう方が本当に多いものです。

しかし、「いつもの言葉」で書かれたボードでは意味を理解してもらえません。**意味が分からない、すなわち、集客ができないのです。**

もちろん、中には、非常に豊富な知識を持っているお客様もいますし、その街を訪れるにあたって書籍やネットで、予習をしてきてくれるお客様もいるでしょう。

石川県の例についても、知識豊富な方や事前に予習をしている方であれば、「お土産にどうぞ！金沢棒茶」と見ただけで、「そうそう、お茶が名物よね」と立ち寄ってくれるはず。

もし、お店として、そういった熱心なお客様だけをターゲットにしているのであれば、言葉足らずでも全く構いません。

が、できる限り、多くの方に来店して欲しいと願うのであれば、お客様は無知だということを決して忘れないでください。

プロである皆さんと、一般のお客様の間には、幼稚園児と大学生くらいの知識の差があると肝に銘じ、自分のいるステージから一段、二段降りて、分かりやすい表現を心がける必要があります。

これは店頭ボードに限った話ではなく、看板やのぼり、タペストリーなど、基本的には外部の会社に制作を依頼する様な販促物も同様です。デザイン性が高いだけの、「伝わらない看板」「伝わらないのぼり」「伝わらないタペストリー」になってしまわぬよう、目を光らせてください。

効果的な店頭販促物を考えるための秘訣

経験上、パターン3については、自己流・自社流のみで店頭販促を考案・実施しているお店ほど、陥りやすい傾向にあると感じます。

自分達で苦心し、試行錯誤して、店頭販促を構築していく姿勢は、非常に素晴らしいことです。しかし、時として、客観的な視点を一切、入れずに、社内・店内だけで完結させた店頭販促物を制作すると、〝外の人間には意味が分からない店頭販促物〟〝魅力を感じてもらえない店頭販促物〟〝集客力が弱い店頭販促物〟がファサードに並んでしまうことも多々あります。

では、そうならないためには、どうしたらよいのか？

手前味噌ではありますが、弊社の様な専門コンサルタントを活用し、ファサードの客観的チェックを受けることが理想的です。

「うちのお店は十分、客観視できているから必要ないです」なんて思っている方もいるかもしれませんが、過去に私が訪問したお店の中で、「何も言うことありません！パーフェクトなファサードです！」と言った記憶は、まず、ありません。

大多数のお店は、何かしらの弱点をファサードに抱えています。そして、それは客観性の欠如によるものが一因でした。

コンサルタントへの依頼に対してハードルを感じる場合は、

①**お客様アンケート**

②**友人へのヒアリング**

③**エゴサーチ**　のいずれかをお薦めします。

①お客様アンケートとは、文字通り、お客様へ質問することです。

「うちのお店って、分かりづらかったですか？　入りづらかったですか？」「そもそも、なぜうちのお店を選んでくれたのですか？」などなど。

接客トーク中にさりげなく質問してもいいですし、アンケート用紙を作り、回答してくれた方には、ちょっとしたプレゼントをするなんて取り組みもいいでしょう。生の声には、それだけの価値があるはずです。

お客様アンケートが難しい場合は、②友人へのヒアリングを検討しましょう。出来るだけ、遠い業界に属する人が理想です。

ヒアリングのために、わざわざ友人をお店に連れていくのは気が引けると思うので、写真を見せる形でOKです。

「いまさら、友達に聞くなんて…。言いたいことがあれば、さっさと言ってくれているはず」というのは違います。

例え、相手に対して、直した方が良いと思うことがあっても、相手から助言を求められない限り、口に出すのは躊躇《ためら》われるもの。相手から求められずとも欠点を指摘できるのは、親子や夫婦の様に非常に近しい関係か、余程のおせっかいな人くらい。

実は、友人はあなたの会社の店舗に対して「もっと、こうしたらいいのになぁ・・・」と思っているかもしれません。それを引き出すためには、自ら聞いてみることのみ、です。

何かしらのきっかけがない限り、相手は遠慮と気遣いから、永遠に、口に出さないでしょう。1章冒頭にて、建具屋のS社長のエピソードを紹介しましたが、私がS社長にファサードの問題を指摘したのをきっかけに、周囲にいた人々が「前から、実はこう思っていた」と意見を言い始めたのが、まさに象徴的です。

自ら、質問することで、相手が言いやすくなるきっかけを作ることが大事なのです。

最後は、③エゴサーチです。つまり、インターネットで自社の店舗名を検索することです。今であれば、ＳＮＳ検索も必須。ツイッターやインスタグラムのハッシュタグ検索もしてみましょう。

匿名投稿が多いだけに辛辣で耳が痛くなるかもしれませんが、忖度の一切ない率直な意見は参考になることも多いでしょう。

さて、ご紹介した3つの手段が難しい場合、「社内・店内でのヒアリング」も一つの手段として挙げられますが、その場合、自分より若い部下に聞くのは、あまりお薦めしません。

以前、男性上司に「僕の下で働いていて、やりづらいことがあったら、遠慮なく意見を言ってね。はっきりと言われても、僕は全く気にしない性格だから！」と言われたことがあります。労働環境を良くしたいという上司の気遣いだったとは思いますが、当時、私は20代で、上司は40代の男性。目上の男性に対して、本音を言うことは出来ませんでした。

一方で、自分より年上でベテランのパートスタッフなどは、割とはっきりと意見を言ってくれる可能性が高いです。

「社内・店内でのヒアリング」を行う場合には、相手を見て行うといいでしょう。

ファサードの客観的チェックとして3つの手段を紹介しましたが、これらはあくまで妥協案です。最善の方法は、専門家に依頼することということは忘れないでください。

いずれにしろ、**自分のことを一番、見えないのは自分自身**です。

積極的に外部の人間に質問する機会を設け、とにかく、自分のお店を客観視する様にして下さい。それが、店頭販促物のレベルを上げるための必須項目です。

店頭販促の配置の基本

完璧に見えた店頭販促の盲点

2章の最後に、店頭販促の配置について触れたいと思います。

いくら素晴らしい内容の店頭販促物を有していたとしても、配置方法を誤ると、全くお客様を呼び込めないものとなり得ます。販促物を制作した後、ファサードに設置して、手を離すまでは、気が抜けないのが店頭販促です。


以前、九州にある大型レジャー施設のファサードをコンサルティングしました。

その施設は、平日・休日問わず、朝から晩まで非常に交通量が多い国道沿いにありました。交通量が多いということは、見込み客は豊富ということ。

しかし、どう考えても交通量と集客量が見合わず、恩恵を十分に享受できていないと、弊社にご依頼をいただきました。

早速、九州に飛び、施設を訪れました。

まるで体育館か倉庫の様な箱型をした大きな店舗で、ファサードには立派な看板と大きな壁面パネルが取り付けられており、非常に目立っていました。

特に、壁面パネルに関しては、施設前を行きかう自動車を意識して、文字情報を抑え、走行中でも瞬時に理解できる様にと、ビジュアルを前面に出した分かりやすいもので、来店意欲を掻き立てる魅力的なものだと感じました。

当初、施設を訪れて、一つ一つの店頭販促物をチェックした際には、「一体、何が問題なんだろう？」と疑問を抱いたくらいです。

さて、弊社がファサードのコンサルティングをする際には、必ず、お客様の視点に立ち、どの様にファサードが見えるのか、周囲を細かく見て回ります。

その際、対象が歩行者ならば、実際に歩いて回ります。歩くといっても、単にお店周りをぐるっと一周するだけではありません。〝最寄駅からお店まで〟〝付近の人気施設からお店まで〟など、お客様が歩いてくる可能性のある箇所を全てチェックします。

対象が自動車ならば、車を用いて回ります。今回の施設は、主な対象が施設前の国道を走る車でしたので、実際に、社員の方が運転する車に乗せてもらい、何度も周回しました。

そこで、この施設のファサードの致命的欠点に気付きました。

施設前に立っている時には、申し分のないファサードに見えましたが、実際に施設前の国道を自動車で走行してみると、国道のすぐ側を走る高速の高架橋で死角となってしまい、ほんの一瞬しか、販促物を確認できなかったのです。

つまり、せっかくの店頭販促物が見えていなかったため、思うような集客が出来ていなかったのです。

自動車で実際に走行してみなくては、絶対に気付けなかったミスでしょう。車を運転してくれた社員の方も、「まさか、こんなに見えていなかったとは…」と驚いていました。

同施設に関しては、後日、高架橋に阻まれず、しっかりと自動車から見える位置に店頭販促物を設置することで問題は解決しました。

こうしたケースは割とよく起こります。今回の施設の様に販促物が障害物の死角になってしまっていたり…死角にならないまでも、電線や電柱で見えづらくなっていたり…。お店の前を、お客様と同じ条件で動くことによって初めて、お店の致命的なミスに気づくことは多いものです。施工会社から貰うデザイン画を見ている時、お店の前に立っている時には気付けない盲点です。

また、当初は、死角もなく、見え方にも問題がなかったとしても、新しいビルが建ったり、隣のビルが改築したりと、街は日々、進化を続けています。そのため、いつの間にか、自店の店頭販促物が何かの死角になっていたり、目立たなくなっていたり、なんてことも起こり得ます。

そういったことを避けるためにも、店頭販促物の施工前はもちろん、施工後も定期的に周囲を見て回ることが重要です。

店頭販促は立体で考えよう

もう一つ、配置について、誤ったケースとしてよく起こるのが「あるべき場所」を見逃していることです。

どんなお店にも、この位置は多くの通行人の視界にバッチリ入る位置なので、絶対に店頭販促物を置くべきという場所が存在します。私は、〝**店頭販促におけるキラースポット**〟なんて呼んでいます。

コンサルティングや研修でお店を訪れてみると、このキラースポットを見逃しているお店が、実に多いのです。そうしたお店に出会う度に、「なんで、この位置に販促物を置かないんですか！」と思わず、叫んでしまうほど。

それくらい、私の様なプロからみると「あって当たり前」の位置へ、販促物を設置しておらず、集客チャンスを逃しているお店は多いです。

キラースポットを見逃しているお店には、大抵、共通点があります。

それは、お店の前だけに店頭販促を行っています。つまり、お店の正面にしか店頭販促物を設置していないのです。

しかし、お店は平面ではありませんし、お客様の流れも一方通行ではありません。お店は立体ですし、多い少ないはあったとしても、人は四方八方からやってきます。

至極、当り前のことに感じますが、この点を見落としているお店は多く、それによってお店の正面だけに店頭販促を行うというミスを犯してしまうのです。

しかし、「**お店は立体・人は四方八方からくる**」という点を理解すると、次々と店頭販促のキラースポットが見つかるものです。


以前、コンサルティングをしたラーメン店Sが、お店を平面でしか捉えておらず、正面にしか店頭販促を施していない状態でした。

しかし、そのお店の左側方向に人気のショッピングモールがあり、モールに行く人・モールから帰る人で、双方向から歩いてくる人が非常に多かったのです。つまりは、ラーメン店Sの側面を見る人が非常に多いということ。それにも関らず、お店の側面には何も店頭お店は決して平面ではなく…

立体であり、お客様もあらゆる方向から来る

販促を施していませんでした。まさに、キラースポットを見逃している状態。

いやいや、お店の前を歩く人数が多いことには変わらないのだから、ファサードの正面に店頭販促物を置いておけば十分だろうと考えるかもしれませんが、それは誤りです。

何かを探している時を除いて、人は道を歩きながら、そこまで左右をキョロキョロしません。モールに行くという目的・モールから帰るという目的を持っているならば、尚更、まっすぐ前を見て歩きます。

そうすると、いくらお店正面に店頭販促物を並べても、視界に入らないのです。

しかし、お店側面に店頭販促を設置すれば、前を見て歩いている人の視界に自然と入りこめる可能性が出てきます。

そこで、弊社では、S店に対し、お店の左右に新たな壁面パネルを提案。結果、集客数を飛躍的に伸ばすことができました。

ファサードの死角や店頭販促のキラースポットに気づくためには、お店周りのチェックが何より重要ですので、ぜひ、皆さんにも定期的に行ってほしいのですが、その際には、できるだけ、〝自然体〟を意識しましょう。

お店のことを意識すると、見えづらいものも見えてしまうもの。それでは見え方チェックの意味がありません。

お店に勤める方が、自店の店頭販促物が死角になっていることに気付けなかったり、キラースポットを見逃したりするのは、自分のお店のことを知りすぎている上、意識しすぎているからです。

しかし、店頭販促物の対象はお店のことを、全く知らない・意識していない通行人です。そうした人々の視界に店頭販促物が目に入ってこなくては、意味がありません。

中々、難しいとは思いますが、できるだけ自然体を意識することが重要なのです。

店頭販促は限りなくお客様至近が鉄則

最後に店頭ボードやのぼりといった、自分達で容易に移動可能な店頭販促物の配置について触れたいと思います。

看板や壁面パネルなんかは施工会社と相談で決める人が多いと思いますが、店頭ボードやのぼりは、基本的には自分で置き場所を決めるかと思います。

では、具体的にどこに置いたら良いのか？

お店の形態や人の流れ、他の販促物との兼ね合いもあるので、書籍内で「ここに置いて下さい！」と位置を指定することはできませんが、一つ、言えることは決して道路から死角にならず、多くの人の目に触れやすい位置であること。

その上で、可能な限り、お客様の近くに置く様にして下さい。

例えば、都心にあるカフェP店。

入口は半地下にあり、お店に入るためには、歩道に面した5段の階段を降りて、ドアを開けなくてはいけません。

P店は入口ドア横に店頭ボードを置いて、メニューの紹介をしていました。つまり、P店の店頭ボードを見ようと思ったら、通行人は階段を降りる必要があります。

周囲にお店が少ない地域であれば、通行人は喜んで階段を下り、「どんなメニューがあるのかな？」と店頭ボードを見てくれたでしょう。しかし、P店は都心にあり、周囲には他にもカフェがいくつも存在していました。

通行人の気持ちになって、考えてみてください。

あなたが、歩道から店頭ボードを発見した時点では、P店がどんなお店なのか、全く理解出来ていません。そして、店頭ボードを見たところで、自分がP店を気に入るかどうかは、分かりません。もしかしたら、店頭ボードに書かれたメニューを見て、「このお店は、ちょっと違うかも？」と思うかもしれません。

こうした状況下で、わざわざ店頭ボードを見るためだけに、階段を降りますか？

少し、面倒だと感じませんか？

お店の人にとっては、たかが5段。

しかし、通行人からしたら、たかが5段でも、大きなハードルなのです。

店頭ボードに限らず、**店頭販促物の効果を高めるためには、お客様にストレスなく見ていただける環境を意識することが重要**です。

その一つが、無駄に歩かせないことです。

販促物を公共の道路に置くことは禁止されていますので、ルールは守る必要がありますが、その上で、限りなく、お客様の近くにおいて、ストレスなく見てもらえる様に心がけましょう。

第3章

多店舗を運営する会社に必須の〝店頭販促の3つの仕組み〟

多店舗展開している会社ほど、もっと店頭ボードに力を入れるべき理由

「手書きの店頭ボードは、個人店がやるもの」は大間違い

本章からは、〝店頭ボード〟に、テーマを絞ってお伝えします。

その前に、ここで今一度、〝店頭ボード〟について簡単に説明したいと思います。耳慣れない言葉かもしれませんが、それもそのはずで、元々は私が初めての著作を出す際に考案しました。

代表的なのはA型看板と呼ばれるブラックボード。（下部画像参照）他、イーゼル型・吊下げ型・卓上型なども含まれます。

手書きでメッセージを書き、店頭に置いて用いるボードの総称だと思って下さい。

もしかしたら、社内では「手書き看板」「手

店頭ボードのイメージ

書きボード」「ブラックボード」「黒板ＰＯＰ」など違う言い方をしているかもしれませんが、本書では〝店頭ボード〟と統一してお伝えしてきますので、ご了承ください。

さて、なぜ、店頭ボードに絞ってお伝えしていくかというと、今後、複数の店舗を展開している会社は、**「手書きの店頭ボードを、いかに上手に活用していけるか？」が、繁盛を握る重要な鍵**となってくるからです。

複数店舗を構える会社は、全般的に、店頭ボードに対し、「個人店が一生懸命やるものでしょう？」と、やや軽視してしまっている傾向がある様に思います。運営する店舗数が増えれば増えるほど、その傾向は強まるといってもいいかもしれません。

もちろん、本書を手に取り、お読み頂いている方は別だと思います。しかし、社内・店内を見回してみると、そういった雰囲気を感じる瞬間がありませんか？

長年、店頭ボード販促の指導に携わってきましたが、確かに、個人経営のお店の方が手書き店頭ボードに熱心に取り組んでいるケースが多い様に感じます。

それは、店頭ボード販促は、非常に低いコストでスタートできるという点が、一因として挙げられるかと思います。

店頭ボード販促を始めるのに必要なのは、ボード本体、そして文字を書くためのマーカーのみ。ボード本体は、サイズや性能にもよりますが、数千円から購入できますし、マーカーに至っては一本数百円程度ですので、両方を買い揃えても、一万円でお釣りがきます。

他にも、ボードの汚れを落とすクリーナーや雨よけカバーがあった方が便利ですし、複数のマーカーがあった方が見栄えの良い店頭ボードが書けるので買い揃えたいところではありますが…とりあえず、ボード本体とマーカー一本さえあれば、店頭ボード販促を始めることが出来ます。

その上、ボードもマーカーも一度使ったら終わり、ということはありません。ボード本体は、一定期間、使い続けることが出来ます。マーカーについては、インクが無くなったら再購入の必要があるものの、前述の通り、数百円程度。

つまり、店頭ボード販促とは、初期コスト・ランニングコスト共に低いため、販促予算に乏しい個人店でも取り組みやすいのです。

一方で、複数の店舗を展開している規模の会社は、個人店に比べると販促予算がしっかりと確保されている場合が多く、壁面パネル・のぼり・タペストリーといった、多少コストがかかる販促物も導入できる環境にあると思います。そうなると、そちらに意識が向くのは致し方ないこと。

その結果、低コストの店頭ボードは後回し…。そちらまで意識が回らず、「やりたかったら、やっていいよ」「現場で考えて、やっておいて」といった、よく言えば〝放任主義〟、悪く言えば〝ほったらかし〟となっている会社が少なくありませんでした。そして、それでも特段の問題はありませんでした。

しかし、時代は変わりつつあります。

以前、弊社主催の店頭ボード販促セミナーに、都内を中心に6店舗、洋菓子店を展開しているH社の社長が参加されました。

社長の悩みは、〝店舗による集客のばらつき〟でした。

H社が運営するA店は、地下鉄の駅から徒歩で約10分程度。スーパーマーケットや歯医者、ドラッグストアなどが入居している小規模の複合施設の1階にあり、着々と売上を伸ばしているそう。

同じくH社が運営するB店は、A店と同じ沿線の別の駅にあり、こちらも駅から徒歩で約10分程度。大型タワーマンションの1階に、コンビニやクリーニング店と並んで店舗を構えていました。

マンションの住民に加え、地下鉄の駅へ向う道沿いにあるため、商圏人口は十分。むしろ条件面ではA店に優るはずなのに、オープン以来、低空飛行を続けているのだとか。

社長としては、A店同等以上の売上を見込んでいただけに、蓋を開けてみてがっかり…。

商品構成は、ほぼ同じ。店舗デザインはもちろん、看板・のぼり・タペストリーのデザインや数も、ほぼ同じ。また、両店舗共に、チラシやDMなどの販促活動は行っておらず。

ほぼ同じ条件に思えるA店とB店なのに、どうして集客に差がついてしまったのか？

考えを巡らせた結果、社長の頭に浮かんだのが、〝手書きの店頭ボード〟だったそう。

A店では、店長が、自発的にお薦め商品や人気商品を紹介する店頭ボードを隔週で出していた一方、B店では、一切、出していないとのことでした。

「まさか、たかが手書きボード1枚で、集客に差がついたのか？」

どれだけ考えても、〝手書き店頭ボード〟しか、両店舗の違いが見つけられなかったH社の社長は、半信半疑ながら、物は試しにと、私が講師を務める店頭ボード販促に関するセミナーにご参加されたのです。

そこで店頭ボード販促が、集客上、非常に重要であると理解したことで、「A店の店長が何気なく書いていた店頭ボードが、両店の集客力の差の原因となっていたのだ！」と、受講前に抱いていた疑惑を確信に変えたそうです。

なぜ、A店とB店は、「たかが手書きボード一枚」で、差がついてしまったのでしょうか？

お客様のお店選びの基準が変わってきている

現在、殆どの業界で市場は飽和状態にあると言えます。

それは、単純に同業他店が増えたということに加え、異業他店も増えたということが挙げられます。

例えば、前述のH社の主商品である洋菓子。昔々、私が子供の頃は、洋菓子といえば、〝洋菓子専門店で買うもの・洋菓子専門店でしか買えないもの〟でしたが、昨今、手に入る場所が非常に増えました。

スーパーマーケットはもちろん、コンビニでは自社開発までする力の入れようで、ラインナップが豊富な上、味も抜群。

急速な進化を続けるドラッグストアでは、薬や日用品だけでなく、生鮮や飲料、そして、ちょっとした洋菓子も陳列されています。

カフェやファミレスといった飲食店では、店内で提供している自家製ケーキやドーナツなどのテイクアウトが可能です。

また、駅のキオスクや自動販売機でも、ちょっとしたスイーツを購入できます。駅の場合、寄り道をせずに気軽に買えるという圧倒的な利便性が魅力です。

あるバッグ屋では、常時ではありませんが、店先でクッキーやマフィンを販売しています。バッグ屋で洋菓子という意外性と常時販売ではないレア感がウケるのか、毎回、完売するほど好評の様です。

この様に、洋菓子と言えば〝専門店で買うもの・専門店でしか買えないもの〟という概念が崩れ、「ドラッグストアだけどケーキが買える」「バッグ屋だけどクッキーが買える」といった具合に業種の境界線が曖昧になりつつあります。

また、今、最も恐れるべきは、やはりネット通販ではないでしょうか。

時間も場所も選ばずに、気が向いた時にいつでも買い物が出来て、最短当日中に玄関先まで届けてもらえるネット通販は、生活の一部であり、「隣のリアル店舗よりも、身近な存在」という人も少なくありません。特に、常に携帯し、タップ一つで買い物が出来るスマートフォン経由の通販は、何より強力なライバルといえます。

こうした現状は、何も洋菓子店に限った話ではありません。程度の差こそありますが、ほぼ全ての業種業態で言えることです。

つまり、人口は減るのに販売チャネルは増えるという状況下にあり、今後、ある日突然、ごっそりと他店・他チャネルにお客様を奪われる可能性があるのです。

もちろん、各社、様々なこだわりがあり、「うちの店・商品は他とは違う。だから大丈夫だ」

という思いで、ご商売をされていることと思います。しかし、リピート客や、圧倒的な知名度・ブランド力で広く認知されている様な一部を除いて、残念ながら、人々は、会社毎のこだわりをそこまで深く理解していないことがほとんど…。

では、今後、生き残る店舗であり続けるために、鍵を握ってくるものとは何か？

選択肢が無数にある中にあっては、お客様は「どうせ同じお金を払うのであれば…」と、こんな願望を持ちます。

a「**より便利なお店を利用したい**」
b「**より安いお店を利用したい**」
c「**より心地よいお店を利用したい**」

このうち、a「**より便利なお店を利用したい**」という利便性志向は、立地が大きく関与してくるため、簡単には変えられません。

b「**より安いお店を利用したい**」という価格志向については、価格競争に巻き込まれ、最終的に自分の首を絞めることにもなり得ます。

そもそも、利便性志向・価格志向共に、いくら追求しても、より便利で、より安いお店が出来たら、すぐにお客様を取られ、見向きもされなくなる可能性が高いので、あまりお勧めできません。

また、ネット通販に至っては、手のひらで、いつでも買い物が出来る上、リアル店舗よりも安値で販売しているケースが多く、リアル店舗は利便性でも価格勝負でも全く歯が立たないという場合もあります、

そこで、これから力を入れるべきは、c「**より心地よいお店を利用したい**」という願望を満たす取り組みです。

マッサージ、美容院、スーパー、コンビニ、病院…。考えてみると、色々な分野で、私には通い続けているお店がいくつもあります。都心在住のため周囲に店舗は多く、無数の選択肢がある中で、何年も同じお店を選び続けています。

それは、なぜか?その理由として浮かぶのが、まさに、c「**より心地よいお店を利用したい**」という願望です。

通い続けているお店のいずれも、「感じの良いお店」「温かい接客が受けられるお店」「決して不快な思いをしないお店」であり、心地よいのです。

もっと便利な場所にあるマッサージ店、もっと価格の安い美容院、もっと品揃えが良い

スーパー、もっと近くにあるコンビニ、もっと待ち時間が少ない皮膚科…。

理屈や合理性、数字の面だけを考えれば、他にも優れた選択肢があるにも関らず、それらを超越した「心地よくて、いい感じ」という感覚的な判断によって、お店を選び続けています。

つまり、総じて**人間力の高いお店**なのです。

もちろん、時には違うお店を利用することもありますが、それでも通い続けているお店から完全に離れることはありません。

〝店舗の人間力〟こそ、これから集客するための絶対要素

数年前、あるネット通販会社の社長から、こんな言葉を聞いたことがあります。

「人は人から買いたいのであり、物や機械、店から買うのではない。
それは、どれだけテクノロジーが進化しようとも変わらない。」

デジタルが本業の社長が、「人が大事」という、アナログ的なことをおっしゃったのが

非常に印象的で覚えているのですが、よくよく考えてみると、このセリフは「より心地よいお店を利用したい」に通じる様に思います。

「どこで、どうやって、いくらで買うか?」は大事です。

しかし、「誰から買うか?」は、同等もしくはそれ以上に、非常に大事な要素です。

つまり、これから**生き残る店舗であり続けるためには、「この人から買いたい」と思ってもらえる様、店舗の人間力を強化していく必要**があるのです。

そして、人間力の強化は、店内だけに留まらず、ファサードにおいても同様です。

これからは、**ファサードにおいても、いかにして、人の匂い・温かみ・個性といった人間力を醸し出せるかが、集客力を握る鍵**となります。

こうした人間力を醸し出すことで、通りかかった人に「このお店は何だか、良さそうな感じ」という印象を持ってもらえれば、店内へと引き寄せることができるのです。

ファサードで人の匂いや温かみを感じさせることは、個人経営のお店は得意かつ、実はオーナーが気付かないうちに、既に行っています。なぜならば、一つ一つのパーツを施工会社と膝をつめて話し合い、店主の好みと感性で作り上げたファサードからは、良くも悪くも、店主の匂いと個性、つまり人が溢れだすからです。

一方、多店舗を展開する会社にとって、人を感じさせるファサードづくりは最も不得意とする部分の一つといえます。

いわゆるチェーン店などは、例え、全く知らないお店だったとしても、独特の雰囲気があるので分かります。

これは私が店頭販促のプロだからではありません。皆さんも、初めての街で、知らないお店を見て、「あのお店は、何だかチェーン店っぽい」なんて感じた経験が一度はあるはず。店頭販促のプロではない私の家族や友人が、そういった趣旨の発言をしているのを何度も耳にしたことが何度もあります。

この「チェーン店っぽい」と感じる理由の一つは、ファサードに、圧倒的に人が欠如しているからです。

言語化が難しく、抽象的な表現になってしまうのですが、人が欠如しているファサードは、無機質で人の匂いや気配を感じさせないのです。

しかし、これは実は当然のこと。多くのチェーン店などは、大抵は一店舗が成功したら、成功モデルを模倣したファサードのデザインで、次の店舗、次の店舗とオープンさせるはず。その方が失敗リスクも低い上、効率的です。

また、ファサードのデザインを統一していくことで、チェーンの認知率・ブランド力の向上にも繋がります。

つまり、チェーン店や多店舗を展開する会社にとっては、成功モデルを元に、「右に倣《なら》え」で、システマチックにお店を作り上げていくことこそ、最適解です。

一店舗ごとに、人を感じさせることを意識したファサードを考えることは、リスクが高く非効率な上、認知率もブランド力も上げられないといった具合に、メリットが一切ない不正解とも言えるでしょう。

しかし、時代は変わりました。

前述の通り、同業他店・異業他店、そしてネット通販など、あらゆる方面にライバルが増え、お客様がお店選びのポイントの一つに人間力を加味し始めた今、システマチックで画一的に作られた大量生産のファサードだけで集客し続けるのは難しくなります。

それよりも、**成功モデルを模したファサードの中に、まるで個人経営のお店の様な匂いや個性を出して、〝人〟を感じさせていくことが、大きな鍵**となってくるのです。

決して、「これからは個人店の時代であり、チェーン店や複数の支店を持つ店舗は衰退する！」と言っているわけではありません。

お客様の大半は、業種業態問わず、チェーン店や複数支店を持つお店に対して、品質・サービス・アフターケアなど様々な面で、安心感を持っています。少々聞こえは悪いかもしれませんが、「このお店に入れば、大きくガッカリすることはないだろう」とも感じます。

こうした安心感こそが、チェーン店などがお客様をひきつける大きな魅力の一つであり、これは今後も変わることはありません。チェーン店や複数の支店を持つ店舗だからこその魅力を保ちつつも、個人経営のお店の様な人の匂いや個性を感じさせるファサードを実現することが大事なポイントとなってくるのです。

では、具体的にファサードで、人の匂いや個性を感じさせるために最適なツールとは何なのか？　もうお気づきだと思いますが、**「手書きの店頭ボード」**です。

前述の洋菓子店H社にしても、ほぼ同じ条件のA店が好調なのにB店が不調だったのは、A店が何気なく出していた一枚の店頭ボードが人の匂いを醸し出し、「何だか良さそうなお店」という印象を道行く人々に与えていたからです。

現在、日本を代表するコンビニやファミリーレストランでも、店舗独自で手書きした店頭ボードを店前に出しています。1章でも述べた通り、今では当たり前ですが、以前は、まず見られなかった光景です。

優れた会社ほど、**チェーンストア特有の画一化されたファサードが集客できた時代は、徐々に終わろうとしている**ということに、気付き始めているのでしょう。

もちろん、手書き店頭ボードを置いて、人の匂いや個性さえ表現すれば、それだけで集客できると言うわけではありません。

今まで通り、看板やパネル・タペストリーなどの各種店頭販促物を用いて、自社の魅力・ウリ・こだわりなどをアピールしていく必要があります。

が、それだけで集客できた時代は、終わろうとしているのです。

これから複数の店舗を展開している会社やチェーンストアが集客をしてくためには、自社の魅力・ウリ・こだわりを各種店頭販促物でアピールするのと同時に、人間力もアピールしていく必要があり、そのために最適なツールが手書き店頭ボードなのです。

人を感じるファサードづくりに手書き店頭ボードが最適な理由

では、数ある店頭販促物の中で、なぜ人間力のアピールに〝手書き店頭ボード〟が最適なツールなのか？

これまでに何十万もの手書き店頭ボードを見てきた経験から、断言しますが、手書きの店頭ボードには、皆さんが想像している以上に、人の匂いや個性が乗り移り、道行く人に訴えてくれるからです。

弊社が企業研修を行う場合、参加者の習熟レベルで内容を構成します。

初心者で店頭ボード適正が低そうな社員が対象の場合には、書き取り実習を行うことがあります。書き取り実習とは、見本の文面を用意して、それを店頭ボードに書き写してもらうというものです。（写経をイメージしていただくと良いかもしれません。）

店頭ボードに用いる専用マーカーは、日常生活で使っているボールペンやシャーペンとは、まるで使い勝手が異なります。そのため、最初は専用マーカーを上手く使いこなすだけでも一苦労という方が多いので、まずは、マーカーに慣れてもらうために、書き取りを行います。

これが面白いのですが、全く同じ文面を書いてもらうのに、文字の書き癖によって、全く違ったボードに見えるのです。

同じ文面を書いても全く違うボードに見えるのですから、自分の頭で考えたコピーを手書きした場合には、より書いた人の匂いや個性が出るのは言うまでもありません。

また、数ある店頭販促物の中から、手書き店頭ボードを強く勧めるのには、実は、経営的に見た大きな利点もあります。

多くの会社では、過去の成功店舗を模倣し、次の新店のファサードを構築していくことと思いますが、そうしたサイクルを破り、人を感じさせるために、お店毎に全く異なるファサードをデザイン・設計していくとなると、いつまで経っても認知率・ブランド力が上がらないという大きなデメリットが発生します。

また、今までの出店システムを根底から覆すこととなるため、かなりの労力も生じます。

その点、手書き店頭ボードを用いて人を感じさせるファサードを構築するのであれば、基本的には、従来どおりの出店システムで問題ありません。

店舗デザインや看板や壁面パネルなどは、他店と同様のファサードなので、認知率・ブランド力を上げる妨《さまた》げになることもないのです。

さて、ここで二つの疑問が生じるかもしれません。

一つは、人を感じさせることが目的であれば、手書きＰＯＰはダメなのか？ということ。確かに、手書きＰＯＰも、店頭ボード同様、人の匂いや個性を感じさせられます。

しかし、ＰＯＰは、基本的に紙で作るもの。店頭販促物としての目立ち度や耐久性を考慮すると、断然、店頭ボードの方が適しています。

もちろん、ＰＯＰを否定はしませんが、余程のこだわりがある場合を除いては、手書きの店頭ボードを選択することをお勧めします。

もう一つは、店頭ボードは手書きでなくはいけないのか？ということ。

たまに、パソコンのデザインソフトで、ボードと同サイズの簡易ポスターの様なものを制作し、筆記面に貼りつけ、店頭ボードとして用いているお店を見かけます。（次ページ画像参照）

読みやすさだけを優先させるのであれば、パソコンで制作したものをボードに貼ったものに軍配が上がります。手書き文字には癖が出るため、初見では読みづらいと感じられやすいからです。

それでも、私は、手書きの店頭ボードを置くべきだと考えます。

その理由は、手書きだからこそ、人を伝えることができるからです。これは、デジタルで制作された販促物には、まず、不可能です。

もし目的が、単に情報を正しく伝えることであるならば、デジタルでも問題ありません。

しかし、今の最優先の目的は、人間力を伝えることですので、断然、人を伝えられる手書きで店頭ボードは行うべきです。

（ただし、ちょっと矛盾する様ですが、お店によっては、全てを手書きにしない方が良いケースもあります。これについては、5章にて詳しくお伝えします。）

← パソコンでつくった
簡易ポスターを貼った
店頭ボード

手書きの店頭ボード →

さぁ、ここまで読んで、これから複数店舗を運営する会社にとって店頭ボードが必須であるとご理解いただけた方は、「よし！ 各店舗に明日から店頭ボードを書くように命じよう！」と思われたかもしれません。

しかし、単に店頭ボードを書いて、お店の前に置けば万事ＯＫかというと、実はそう単純ではありません。

多店舗展開の会社が店頭ボード販促を成功させる秘訣は「仕組み」である

なぜ、店頭ボードだけ仕組み化しないのですか?

ふと会社を見回してみると、実に様々な業務が仕組み化されていることに気付きます。例えば、従業員の給料支給。殆どの会社が銀行振込かと思いますが、毎月、口座番号を聞いて、振込用紙を書いて…なんて経理はいないでしょう。あらかじめ口座は登録されており、入金処理を行うだけだと思います。これは、経理業務をスムーズに行うための仕組みです。

中規模以上の会社では、来客が決まると、事前に応接室のアポイントを取ると思いますが、これは来社した取引先をスムーズに案内するための仕組みです。

出退勤時に打刻するタイムカードは、勤怠管理を簡単に行うための仕組みです。

店舗から本社への売上日報には、フォーマットがある会社が多いはず。フォーマットがあることで、店舗側は楽に日報作成ができるので業務軽減になりますし、受け取る本社側からすると、記入担当者によるレベルのバラつきが減らせるという仕組みです。

社内を探してみると、他にも、沢山の仕組みが見つけられると思います。

もしも、家族経営の個人商店であれば、業務を人海戦術で行っても問題ないかもしれませんが、一定以上の他人同士が働く会社の場合はそうはいきません。

社員数が増えれば増えるほど、無駄が発生しやすくなりますし、各人の能力には差がありますので、仕事にムラも生じやすくなります。

その点、仕組みがあれば、効率的かつ業務品質を均一に近づけることができます。

また、突然、業務担当者が退職するリスクもあります。「経理担当者が辞めちゃったから、給与振込ができない！」なんてことを避けるためにも、業務を仕組み化しておき、突然、担当者がいなくなっても、問題なく業務遂行できる様にしておく必要があり、実際に、随所で仕組みが作られているはず。

しかし、ここで、あることに気付きます。


皆さんの会社に、店頭ボードに関する仕組みは存在していますか？


まだ店頭ボードを実施していないというならば、仕組みなんて無くて当然です。

問題は、すでに運営店舗の中で、いくつか店頭ボードを実施しているお店が存在する会社です。

社内の随所で仕組み化がなされているのに、店頭ボードに関しては仕組み化がされていない…それどころか、管理もされておらず…。

実際、様々な会社を見てきましたが、「やりたかったら、やっていいよ」「現場で考えて、やっておいて」という現場任せ、かつ、行き当たりばったりのケースが実に多かったです。

店頭販促の中でも、店頭ボード以外は、比較的、仕組み化されています。

例えば、看板や壁面パネルといった大型の店頭販促物。新規出店・既存店の改装を問わず、「どのデザインにして、どの様な手順で施工するか？」といった行程が仕組みとなっていることが多いはず。店舗スタッフが独断で施工会社に連絡して工事をする、なんてことはないでしょう。

のぼりやタペストリーといった中型の店頭販促物もしかり。店舗スタッフに、よほどの権限を与えている会社でない限り、勝手に発注することは少ないはず。仕組み化まではされていないにしても、社長・本部で一連の流れが決まっていることと思います。

一方で、店頭ボードについてはどうでしょうか。

・ボードやマーカーなどの道具は、いつ、どこで、誰が調達するか？
・誰がボードの筆記を担当するのか？
・具体的に、どんな内容を訴求しているのか？
・使ってはいけない表現はあるか？
・イラスト・写真素材などの使用ルールはあるか？
・どれくらいの頻度でボードを書きかえるのか？　…などなど。

これらは、店頭ボード販促を行っていく上で発生するトピックスの一部ですが、社長や本部が把握しているし、もちろん社員達にも共有しているという会社は、かなり少数ではないかと思います。

本書を読み、〝これからのチェーン店には、手書き店頭ボードを用いて人を伝えることが重要である！〟と気づいた社長や統括担当者が、早速、各店舗スタッフに「明日から店頭ボードを書きなさい！」と命じたとします。

すると、多くの会社は、近い将来、こんな状況に陥るでしょう。

号令したものの、各店に任せっきりで、店舗を巡回で訪れた際に、ちらっとチェックするくらい…。その度に、「もっと、効果的な店頭ボードを書いて欲しいんだよなぁ…」と不満を抱きつつも、他の業務が忙しいので後回し。

たまに思い出し、現場の店長に確認してみると、店長もスタッフに任せっきりで、どういう内容の店頭ボードを、どこに出しているのか把握できてない…。

「困ったなぁ」と思いつつ、どうしたらいいのか分からず、益々、頭を抱えてしまう！

こうした事態は、店舗や店長・スタッフに問題があるわけではありません。会社側が店頭ボードに関する仕組みを作っていないことが要因です。

仕組みとは、リスクマジメントでもある

店頭ボードには罫線もなければ、文字数制限もないので、書き手の好きな様に書けます。だからこそ、人間力を存分に醸し出すことができるわけですが、その自由さが時として、アダになることもあります。

以前、生活サービス業M社のコンサルティングをした際のエピソードです。

店舗統括責任者の方が、私の本に共感し、店頭ボードを中心とした店頭販促に関するコンサルティングとスタッフ研修を受けたい、と依頼してくださいました。

M社は、「やるからには、店頭販促の抜本的な改革をしたい」という強い意向を持っていました。その第一歩として、全店の店頭ボードの状況確認をすることとなり、各店スタッフに指示を出して、店頭ボードの写真を撮影してもらい、本部に集結させました。

これは、M社にとって、初の試みだったそうです。M社は当時、全国に200程の店舗を有しており、全ての写真が出揃うまでに、一ヶ月くらい要したのを覚えています。

全店の写真が出揃った後、統括責任者の方と私で、店頭ボード写真のチェックを行いました。統括責任者の方も、全店の店頭ボードをきちんと見たのは、その時が初めてだったそうですが、見た瞬間、こう呟き、愕然とされました。

「え、うちって、こんな店頭ボード出してたの？」

そこに写っていたのは、コンプライアンス的に使用を禁止しているワードが使われていたり、有名キャラクターなどを無断使用する著作権侵害をしていたり、会社のイメージとは全く似つかわしくないデザインだったり…。

例を挙げればキリがありませんが、店舗に任せっきりで一切の管理をしてこなかったツケは大きく、会社として承認しかねるボードが並んでいました。

正直、下手な店頭ボード（ここでいう下手は集客力がないという意味）や会社のブランドイメージを損なうだけなら、まだマシです。問題は著作権侵害など社会的に問題のある店頭ボードです。

こんなボードを知らないうちに出されてしまい、それを見た通行人が撮影し、ネット投稿されてしまったたら、致命的なダメージを受ける恐れも…。以前、アルバイトがＳＮＳに投稿した動画で、大炎上したたケースを皆さんもよくご存知だと思います。

こうしたリスクを避けるためにも店頭ボードの仕組みを作り、しっかり管理していくことが必要なのです。

店頭ボード販促を成功に導く「3つの仕組み」

では、果たして、仕組み化とは具体的にどの様なことをすれば良いのか？

店頭ボードの仕組みは、大きく３つに分けられます。

「①教育の仕組み」
「②道具の仕組み」
「③運用の仕組み」

「① **教育の仕組み**」とは、社員達に対して、どの様な形で店頭ボードの教育を行って、導いていくのかという流れを作ることです。いわば、教育指針を決めるのです。

稀に、何の教育を施さずとも、最初から上手な店頭ボードを書きあげる人もいます。皆さんの会社にも、「あの店舗の◯◯さんは上手い」と思い浮かぶスタッフが何名かいるかもしれません。

しかし、優れた書き手が一人いるだけでは、意味がありません。まさか、そのスタッフが全店の店頭ボードを書いて回るわけにはいかないと思います。

そして、一つのお店だけ集客できても、他のお店が集客できなければ、会社として意味がありません。多少のレベルの差はあれど、全店の店頭ボードを平均点以上に底上げするべきであり、そのために必須なのが教育の仕組みです。

教育の仕組みについては、最も重要かつ難しいので、次の4章で詳しくお伝えします。

「② **道具の仕組み**」とは、どんな道具を使うべきか？どこで購入すればいいのか？など、使用する道具の選び方や調達方法を決める仕組みのことです。

そんなことまで…？と思ったもしれませんが、店頭ボードを書く様に指示したものの、完全に任せっきりな上、備品を自由に買い揃える権限も与えていないという会社は非常に多いもの。詳しくは後述しますが、道具が整っていないことは、実は多くの弊害を生じさせます。

たかが道具、されど道具。道具一つで、店頭ボードのレベルもスタッフのモチベーションも大きく変わるものです。

「③ **運用の仕組み**」とは、日々、店頭ボードをどの様に実施していけば良いのか、文字通り、運用方法を考える仕組みのことです。

運用の仕組みを作ることは、会社の本気度を伝えることにも繋がります。

店頭ボードは一度、書いたら終わり、ではありません。雨で文字が消えたり、内容が古くなったりしたら、定期的に書き直す必要があります。

常に気を配り、向き合っていかねばならない販促ツールのため、取り組むスタッフ達のやる気を維持していく必要があります。

なぁなぁの適当で行われていることに対しては、スタッフ達も適当で良いのだと判断します。「文字が消えちゃったけど、面倒だから書き直さなくいいや」「内容が古いけど、そのうち書きかえればいっか」といった具合に怠惰になっていくのは目に見えています。

しかし、会社が日々の運用の仕組みを作り、これから常に本腰を入れて行っていくのだという姿勢を見せれば、スタッフ達の意識も変わり、店頭ボードのレベルも上がるのです。
②道具の仕組み、③運用の仕組みについては、5章でお伝えします

気づいた今こそ、「店頭ボード改革」のベストタイミング

さて、本書タイトルは「多店舗展開の会社がやるべき、店頭集客力の最大化戦略」です。「多店舗」というだけあって、自社運営・FC問わず、3店舗以上を運営する会社を想定した本であり、次章以降は、3店舗以上を運営する会社が、店頭ボードに関する仕組みを構築するための方法についてお伝えしていきます。

「なぜ、3店舗以上なのか？」「単店や2店舗を運営する会社に仕組みは必要ないのか？」という、疑問が浮かぶ方もいるかもしれません。

余程の特別なケースを除いては、2店舗目までは仕組みは作る必要はありません。なぜならば、単店や2店舗であれば、社長もしくは統括担当者の目が、隅々まで、十分に行き届くからです。

正直に言って、仕組みづくりには、時間も手間も要します。そのため、店舗が1～2つ

しかなく、社長・統括担当者が十分にチェックできる体制なのに、無理矢理、仕組みを作ることは、逆に時間の無駄とさえ言えるのです。

3店舗以上になってくると、話は大きく変わってきます。

単店・2店舗であれば、比較的、気軽に店頭ボードを見て回ることができると思います。しかし、店舗数が多いということは、各店を回るための移動時間が必要となってきます。単店・2店舗の時には、ボードを書く担当者の人となりを理解し、人間関係も構築できていることと思います。

しかし、店舗数が増えるということは、必然的に社員・スタッフが増え、様々な人間がボードを書くこととなります。

そうなると、レベルの差・やる気の差が絶対に生じますので、それを正していくことも必要となります。滅多に会わず、人間関係が未完の社員・スタッフへの指導は、かなり神経を使い、難しい部分も出てくるでしょう。

また、働く人が増えるということは、色々な性格・考え方の人間が集うわけで、こちらが想像しえない様な、細々としたトラブルも起きるものです。

この様に、3店舗以上となってくると、単店・2店舗の時とは比べ物にならないくらい、物理的・心理的な負担が発生するものなのです。しかも、5店舗・10店舗・50店舗…と、店舗の数が増えると共に、かけ算の様に負担は増大すると言ってもいいかもしれません。

一方で、社長も統括担当者も、店舗数が増えれば増えるほど、単店や2店舗の頃には無かったタスクが多数発生しますので、やるべき仕事は膨張。

そうなると、店頭ボードを見て回ったり、社員・スタッフを気にかけることが、段々と難しくなってくるのは目に見えています。

結局、もっと集客力のある店頭ボードを出して欲しいと思いつつも、どう手をつけていいのか分からず、何もアクションを起こせない状況となり、いつしか、ほったらかしに…。そして、そうした状況が半永久的に続いていきます。

こうしたことを避け、多店舗を展開する会社が、きちんと店頭ボード販促を行っていくための唯一ともいえる手段が、仕組みを作ることなのです。

「うちの会社では、とっくに3店舗を超えているから、手遅れかな？」なんてことは、絶対にありません。

確かに、仕組みを作り、それを浸透させていくのは、店舗数が増えれば増えるだけ、労力を要します。しかし、決して不可能ではありません。

むしろ、仕組みを作る気持ちが少しでもあるならば、一日でも早いに越したことはありません。この本を読んで、その気になっている今こそがチャンスです。

第4章

全店の店頭ボード力を上げるための『教育の仕組み』

ビジネスマナー研修や接客研修はやるのに、店頭販促研修をやらないのはなぜ？

多くのスタッフが自信がない状態で店頭ボードを書き続けている

不動産仲介業・R社は、賃貸住宅を主に取り扱う、いわゆる街の不動産屋さんを各地で展開しています。各店舗の人員構成は、営業職が5～6人程度に、営業補佐の女性社員1人が基本。全店舗で、営業補佐の女性社員が店頭ボードを書いているそうなのですが、統括本部から見ると満足できるレベルではなく、もっと集客に効果的な店頭ボードが書ける様になって欲しいと感じていたそう。

そこで、弊社にご相談いただき、営業補佐の女性社員向けに、店頭ボードに関する研修を行うこととなりました。店頭ボードに関する研修を行うのは、R社としては初めてのことでした。

さて、私が社員向けに研修・セミナーを行う際には、積極的に参加者に話しかける様、心がけています。一見すると、おしゃべり好きな講師が雑談をしているだけにも見えるかもしれませんが、実は、きちんと意味があります。

参加者が、経営者もしくは利益責任を担う立場にいる方の場合は、研修・セミナー中に、積極的に質問や相談を頂くことが多いです。あまりの熱意に、会場がミニコンサルティングの様相を呈することも。せっかくの機会はフル活用して頂きたいと思っていますので、もちろん大歓迎です。

一方、参加者が役職のない一般社員の場合は、「分からないことがあったら、質問してくださいね」「普段、困っていることがあったら、この機会に相談してくださいね」と言っても、中々、発言がありません。

もちろん、何も質問・相談がなくて黙っているのなら構わないのですが、気恥ずかしさから声を上げられず、後で「あれを聞いてみたかったな…」なんて思いを抱いて欲しくありません。一片の後悔も残さずに、研修会場を後にしてもらうためにも、こちらから積極的に話しかけ、質問・相談しやすい雰囲気を作るというわけです。

R社の研修では、入社1～5年目程度の、比較的、社歴が浅い女性社員が多く参加していました。最初は緊張している様でしたが、前述の通り、積極的にコミュニケーションを取った結果、心を開いてくれて、ポツリポツリと悩みを話してくれました。

その中で印象的だったのが、ある新入社員の方の話でした。仮にEさんとします。

前任者が産休になったのと入れ違いで、現在の店舗に配属になったというEさん。配属後すぐに所長から「店頭ボードを書くのもEさんの仕事だから、よろしくね！」と任されたそう。

しかし、Eさんは、それまで一度も店頭ボードを書いたことがありませんでした。

営業補佐の業務については、社内研修を受け、マニュアルも貰っていたので、問題なく遂行できたそうですが、店頭ボードについては、研修もマニュアルも一切なかったので、どう書いたらよいの?と、困り果てたEさん。

頼みの綱であるはずの所長や営業職の男性社員達は、前任の営業補佐の女性社員に任せっきりだったらしく、実務的なアドバイスは一切、もらえなかったそう。

「どうやって書いたらいいのか、全く分からない…。

万が一、店頭ボードの出来が悪ければ、店舗の集客の邪魔をしてしまうかもしれない…。」

強い不安を感じたEさんは、自分でコピーやデザインを考えてボードを書くのではなく、前任者が書き残していった一枚の店頭ボードをトレースし続けていたそう。つまり、文字がかすれてきたら、その文字だけ消して、書き足すことで誤魔化してきたのです。

Ｅさん本人も「このままでは良くない」「今は新入社員だから大目に見てもらえているけれど、そのうち所長に怒られる…」と思っていたものの、果たして、どうしたら未経験の自分がお客様の足を止められる様な効果的な店頭ボードが書ける様になるのか、さっぱり分からず、何となくやり過ごしてきたのだとか。

こんなＥさんの告白をきっかけに、周りの参加者達も、日頃、店頭ボードに対して感じている不安・不満を話してくれました。

「いつもどうやって書いていいか分からず、不安だった」
「正解が分からないから、困っていた」
「周囲に相談できる人がいなくて、孤独だった」

皆、口には出せなかったけれど、自分の書いている店頭ボードで正解なのか？という不安感や、店舗集客の一端を担っているという責任感に押しつぶされそうになりつつ、今まで頑張ってきていたのです。

そして、研修を受けた参加者達は、**「今日、研修を受けて、きちんと店頭ボードについて学べて、本当に良かったです！」**と、晴れ晴れとした笑顔で会場を後にしてくれました。

「集客できるボードを書いて」と注文だけつけ、正しい教育を施さない愚

皆さんの会社では、新入社員研修を実施していますか？

規模や実施期間に差はあるものの、ほとんどの会社で行っていると思います。私も新卒入社した会社で、電話対応や名刺交換のやり方といったビジネスマナーを学ぶ研修を受けたのを覚えています。

その後は、中途入社組も合わせ、接客研修・営業研修・幹部研修など、職種や階層に合わせた研修を、適時、受講させるケースが多いかと思います。

また、研修はないにしても、教育担当者を任命し、ＯＪＴ（職場で実際に仕事をさせながら、指導育成すること）は行うことでしょう。

新入社員はもちろん、中途入社や人事異動で新しく配属された人に対し、「さぁ、君は今日からこの仕事を一人でやりなさい。僕は知らないからね」と、放置する会社はかなり稀のはず。研修なのか、ＯＪＴなのか、という違いはあれど、会社の業務を問題なく行ってもらうために、何かしらの教育を実施していることと思います。

しかし、なぜか、店頭ボードに関しては、前述の不動産仲介のR社の様に、一切、教育を施していないという会社が多いものです。

もし、突然、上司から「今日から店頭ボード書いてね！　あ、集客できる様なの書いてよ！」

なんて頼まれたら、どうでしょうか？

これまでに店頭ボードなんて一回も書いたことがありません。

とりあえず、マーカーを握ってみたものの、どんなコピーを書いたらいいのか？そもそも、文字はどれくらいの大きさ・太さで書いたらいいのか？など、混乱してしまうことと思います。

冒頭で紹介したR社の女性社員達の声は、決して他人事ではありません。あなたの会社で働くスタッフ達も、同じようなことを思い、悩んでいる可能性は非常に高いのです。


と、ここまで読んで、「いや、自分は未経験だけど書く自信あるよ」と思った方もいるかもしれません。

本書の内容的に、お読みいただいているのは、経営者や統括責任者といった立場の方が主だと思うのですが、その場合、「自分は未経験でも書ける！」と言う方が多いです。

そして実際に、未経験ながら書けてしまうんです。

社内研修を行うと、大抵の会社が、実際に店頭ボードを書くスタッフ以外に監督役として、経営者や役職者、統括責任者が立ち合われます。

その際、監督役の方も「自分は店頭ボードを、普段、書くことはないけれど、せっかくの機会だから体験してみたい」と実習に参加されることも。そして、初めてとは思えないくらい、レベルの高い店頭ボードを素早く書き上げるケースは少なくありません。

不動産仲介のR社でも監督役として参加していた中堅男性社員が、店頭ボードを書くのは未経験ながら、マーカーが進まずに悩んでいる女性社員達を尻目に、スイスイと余裕の表情で書いていました。言葉にこそ出さないまでも、「何で、君達は出来ないんだ？」と男性社員の態度は物語っていました。

また、1章で紹介した建具屋のS社長も、初体験ながら立派な店頭ボードを書かれていたのは、前述の通り。


こうしたこと、実は至極当然なんです。

効果的な店頭ボードを書くためには、いくつかのスキルが必要ですが、そのうちの一つとして、会社・お店・商品に対する理解深度が挙げられます。つまり、どれだけ深く理解しているかということです。

会社・お店・商品の理解が浅いと、コピーも浅いものしか浮かばず、お客様を引き寄せるボードはなかなか書けません。理解が深いと、それだけ魅力的なコピーが浮かびやすく、お客様の心を動かせるボードが書けます。

決して、一般社員の方を見下すわけではありませんが、経営者や統括責任者と一般社員とでは、経験も思考力も全く違います。当然、一般社員より経営者や責任者の方が、会社の特長・お店の魅力・商品のメリットなどを熟知しているはず。そのため、一般社員よりも魅力的なコピーが浮かびやすいので、スイスイと店頭ボードを書けるケースが多いのは、当たり前なのです。

店頭ボードに必要なのは、才能ではなく教育である

「別にお客様なんて集められなくてもいいもんね」

こんな風に思いながら、店頭ボードを書いている人は、かなり稀です。

誰だって、出来ることならば、一人でも多くのお客様を呼び込める様な店頭ボードを書きたいと願っているはず。

これまで様々な会社で研修を行ってきましたが、どの会社のスタッフも、自分なりにお店や商品の良さを伝えるコピーを練り、いつもより丁寧で読みやすい文字を心がけ、「お客様を呼び込める様な店頭ボードを書きたい」という思いを胸に、懸命に店頭ボードに取り組んでいました。

間違いなく、熱意はあります。しかし、多くの場合は、書きたいけれど、書けないのです。そのため、〝自分の書いた店頭ボードが集客に役立っている〟という成功体験を得られません。すると、いつしか「どうせ一生懸命やっても意味がないじゃないか」と感じ、徐々に手を抜き始めます。

手を抜けば、更に店頭ボードのレベルは下がりますので、益々、集客できる効果的なボードからは遠ざかるという、負のスパイラルに…。結果として、経営者や統括本部から見て、満足できないレベルの店頭ボードが店前に並ぶことになるのです。

「うちの社員には、店頭ボードを書く才能がないんだな」と嘆くのは、完全なる見当違い。店頭ボードは芸術ではありません。アーティスティック（芸術的）なものだと勘違いされがちですが、実は非常にロジカル（論理的）な販促物です。

店頭ボードと似ているツールとして、チョークアート（黒板などに特殊な塗料のチョークを用いて描くもの）が挙げられますが、チョークアートは、芸術的側面が強く、センスが問われます。そのため、〝販促物〟というより〝作品〟という言い方の方が近いと私は考えています。

一方、店頭ボードは違います。集客できる店頭ボードを書くためには、いくつかのロジックがあり、このロジックを学び、きちんと理解すれば、誰でも書ける様になるのです。

一つ、実例を紹介します。

以前、関東エリアで5店舗ほど展開するレストランQ社で社内研修を実施しました。

一般的に、社内研修となると、正社員を参加させる会社が多いのですが、Q社の場合は、経営者の判断で、フリーターや主婦パートといった非正規社員のみが参加しました。

全員、店頭ボードはおろか、これまで一切、販促に携わったことがない面々でした。当然、販促知識はゼロからのスタートだったので、全5回・約半年をかけて研修を実施しました。参加者にとっては、未知の領域の話ばかりで、かなりの労力を要した様ですが、研修を通じてロジックを学び、半年に渡って、実技練習の機会を強制的に作り出したことで、研修を終える頃には、全員が立派なものを書ける様になりました。

つまり、言いたいことは、**〝店頭ボードに才能は関係ない〟**ということです。

スタッフ達が効果的な店頭ボードを書けないのは、単に勉強不足・練習不足なだけです。会社側が学ぶ機会を与えないから、いつまで経っても、書けないのです。

決して、効果的な店頭ボードを書けないスタッフ達が悪いのではありません。

「集客できるボード書いてね！」と言うだけ言って、教育を施さない経営者・統括本部が間違っているのです。

…とはいえ、致し方ない部分もあります。

例えば、ホームページを作るためにはプログラミングの知識が必要ですし、パンフレットを作るにはデザインソフトが操作できなくてはなりません。

一方、店頭ボードとは、極論すると、文字さえ書ければ、とりあえずは、誰にでも書けてしまいます。このハードルの低さは、店頭ボード販促のメリットの一つでもあるのですが、それが却って、教育の必要性を忘れさせてしまっているとも言えます。

もちろん、学ぶ気になれば、いくらでもスタッフ達が自発的に学べるはず。

拙著を含め、世の中には、いくつか手書きボードに関する本が出版されていますし、セミナーも開催されていることでしょう。(弊社でも、定期的にセミナーを開催しています!)

しかし、よっぽど意欲的なスタッフを除いては、自ら本を買って勉強したり、セミナーに参加したり、ということまでは望めないと思った方がよいでしょう。

間違いなく、スタッフ達は集客の一端を担える店頭ボードを書きたいと思っています。

しかし、自ら学ぶことまでは期待できません。だからこそ、会社側が教育の仕組みを作り、機会を創出していく必要があるのです。

『教育の仕組み』を作るための3ステップ

まず、店頭販促リーダーを決めよう

ここからは、社内に店頭ボードの「教育の仕組み」を作るための方法について解説します。〝店頭ボードに関する教育〟は、弊社の最も得意とする分野の一つであり、社内で手探りで行わずとも、ご依頼いただくことが最善だと思っています。

しかし、様々な要因から社内で実施したいとお考えになる場合もあると思います。

そこで、これまでの弊社の実績を踏まえ、社内で店頭ボードに関する教育の仕組みを構築するための手順を説明しますので、参考にしてください。

※尚、弊社の研修は別名・OBTプログラムと言います。OBTとは、Ordermade Board Training（オーダーメイド ボード トレーニング）の略。型通りの研修ではなく、一社の為だけに構成したオーダーメイド型研修であり、依頼主の状況や要望で内容を構成します。これからご説明するのは標準モデルであり、実際にご依頼頂いた場合、標準モデルに依頼主からのご要望が反映される形となります。

まず、最初にやるべきことは、店頭ボードの仕組み全般を取り仕切る責任者を任命することです。本章で説明する「教育の仕組み」、次章で説明する「道具の仕組み」「運用の仕組み」を統括します。

呼称は社内で自由にしてもらって構いませんが、本書では、**店頭販促リーダー**とします。店頭販促リーダーは、正しい店頭ボード販促のやり方・書き方を伝える「**講師**」であり、スタッフが店頭ボードに関して困ったことがある際にアドバイスをする「**相談窓口**」であり、日々の店頭ボード販促の出来不出来の状況をチェックする「**監視役**」でもあります。いわば、「店頭ボードといったら、店頭販促リーダーに聞いてみよう」という立場の人間を決めると思ってください。

最適な人材は会社によって変わるので明言は出来ないのですが、いくつか適性条件を挙げるとしたら、まずは店頭販促をはじめとした販促の知識を有していること。店頭販促リーダーは、正しい書き方を伝える「講師」の役目も務めますので、これは必須と言っていいかもしれません。

次に、スタッフ達が相談しやすい立場であること。あまりに役職が高すぎると、一般社員が恐縮してしまい、気軽に相談・質問ができません。高い役職でも、日頃から社員達と

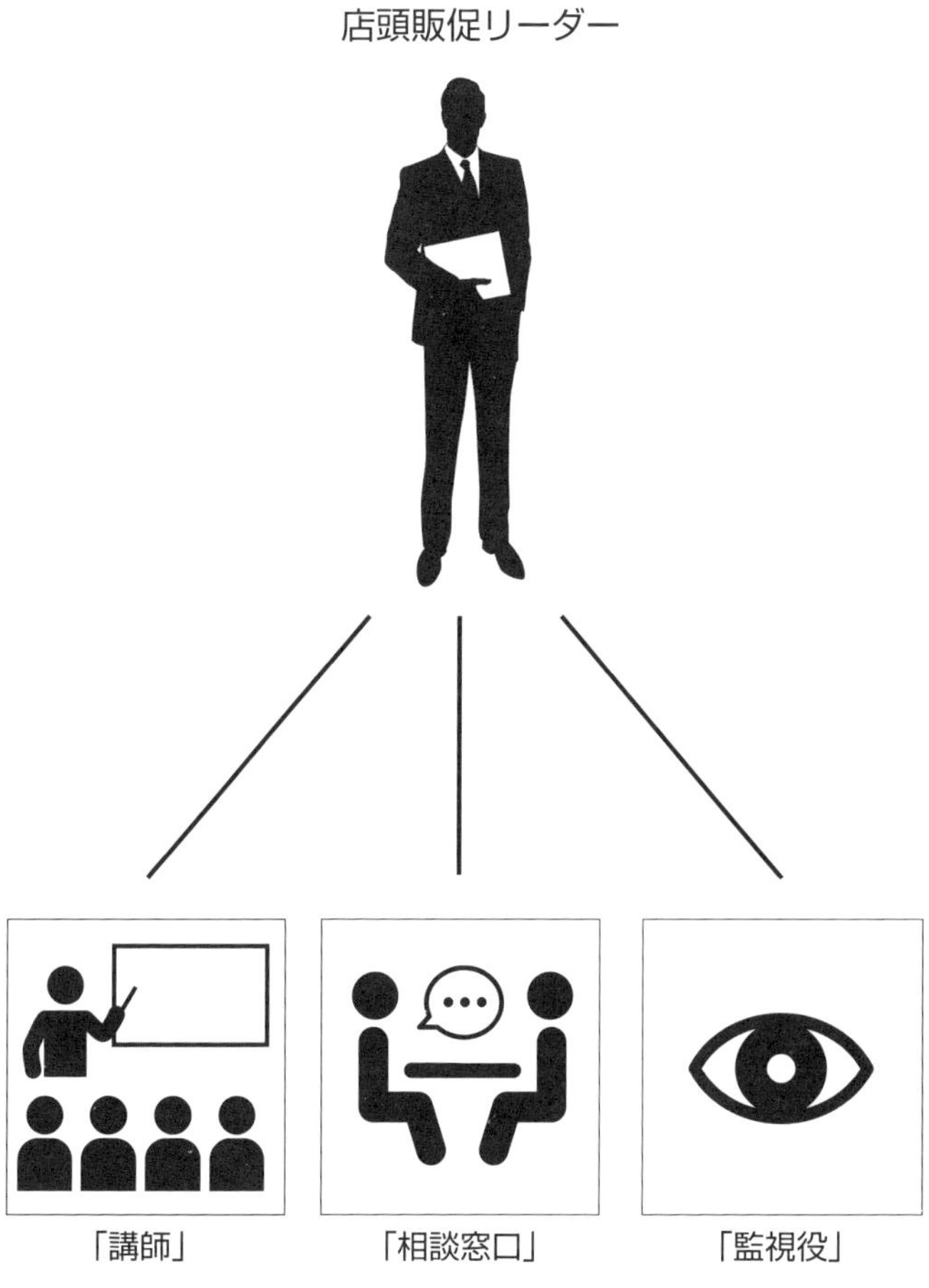
店頭販促リーダー
「講師」
「相談窓口」
「監視役」

密なコミュニケーションがとれている関係であれば良いとは思いますが、基本的には、一般社員が恐縮しすぎない程度の役職の方が良いでしょう。

そして、細やかな性格の方が向いています。店頭販促リーダーは、講師を務めたり、ボードの出来をチェックするだけでなく、店頭ボード本体やマーカーといった備品の管理も担当します。

細々とした作業が発生しますので、あまり大ざっぱ過ぎる性格だと、「必要な備品が揃わない！」など、現場にしわ寄せがいくこととなります。細かい点に気付いて丁寧にフォローできる方が好ましいです。

とはいえ、全ての条件を併せ持った人材を見つけることは、中々、難しいケースが多いかもしれません。その場合は、〝分業スタイル〟でも構いません。

例えば、Aさんを店頭販促リーダーにし、Bさんをサポート役に任命。

Aさんは研修での「講師役」及び、日々の店頭ボードの「監視役」を担当。Bさんが「相談窓口」として、相談の受付をしたり、道具の手配を担当したり、といった形式です。

規模が大きい会社は、こうした分業スタイルを導入しているケースもありますので、検討してみると良いかと思います。

店頭販促リーダーを決めることは、要は、**店頭ボードに関する責任者を決めることと考えてください。**

営業の責任者は営業部長、経理の責任者は経理部長、そして経営の責任者は経営者と、会社のあらゆる事柄に責任者が存在します。

しかし、なぜか店頭ボードに関しては責任者が曖昧です。

店長なのか？

実際に書いた担当者なのか？

販売促進部なのか？

今までは、「何となく」と曖昧になっていた部分をクリアにして、責任の所在をはっきりさせることが、店頭ボードの仕組み作りにおいて、まず重要です。

《ステップ1》強制的に学ぶ環境を作る

強制的に学ぶ環境をつくる①「社内研修会」

教育の仕組みは大きく3つのステップで構築していきます。

まず最初のステップは、「**強制的に学ぶ環境を作る**」ことです。

いくら経営者や統括責任者が、「これからは店頭ボードを頑張る様に！」なんて指示をしても、現場は忙しく、日常業務に追われ、店頭ボードは後回しになってしまうのは目に見えています。だからこそ、強制的に学べる環境を作ることが重要なのです。

その際に有効な手段が、**社員達を集めた研修会を開催する**ことです。

店頭ボードを学ぶことだけに集中できる研修会を行い、しっかりとロジックを学ばせ、実技練習の機会を与えることが必須です。

では、具体的に、研修会とは、どの様に行えばいいのでしょうか？

弊社が企業研修を実施する際のモデルケースをお伝えしますので、どうぞ、自社なりのアレンジを加えて実施してください。

■定員について

一度の研修における定員は、最大でも50名以内に収めるべきです。最も理想的なのは、5～15名程度だと考えます。

参加人数が多すぎると、傍観者になりやすく、「自分一人が手を抜いても、バレないであろう」という意識が働きやすくなります。講師の立場からしても、人数が多すぎると、一人一人の顔をじっくりと見ることが難しくなります。

定員数を絞ると、必然的に複数回を開催する必要が出てきますので、手間は増します。しかし、成果を求めるのであれば、各自が当事者意識を持って研修に参加でき、講師側の目も行き届きやすい人数での開催がお勧めです。

■開催期間について

弊社が依頼を受けて研修を実施する際には、大きく3つの期間のプログラムを用意しています。

（1）**単発研修**↓1日だけ研修を開催する。
（2）**中期研修**↓一定の期間を空けつつ、2～4回、研修を開催する。
（3）**長期研修**↓一定の期間を空けつつ、5回以上、研修を開催する。

弊社の推奨期間は、（2）中期研修、もしくは（3）長期研修です。

店頭ボードは書けば書くほど、上達が期待されます。複数回を実施することで、必然的に総研修時間が長くなり、受講者が店頭ボードに取り組む時間が増えるため、研修の成果が高く見込めるからです。

では、（2）中期研修と（3）長期研修の違いですが、これは二つの点を考慮して、検討していく必要があります。

一つには、〝参加者の習熟レベル〟。

例えば、前述したレストラン・Q社では、非正規社員のみが参加し、販促に関して未経験者が主対象という点を考慮して、全5回・約半年の長期研修としました。

この様に、習熟レベルが低くなる程、研修日数は多くなるのが一般的です。

もう一つは、〝求める到達点〟です。

「10分で完璧な店頭ボードを書ける様になってほしい」「新人に教えられるくらいの知識と技術を身につけて欲しい」といった具合に、経営者や統括本部の目標が高い場合には、その分、研修日数は長く設定する必要があります。

一方、（1）単発研修についてですが、参加者が店長クラスだったり、一定以上の経験がある社員だったり、既に店頭ボードへの理解度・習熟度が高いと判断される場合に適しています。単発研修を実施してみて、その後、思った様な成果が見込めない時には、フォローアップ研修として、再召集するのも一つです。

■所要時間について

・1回あたり3時間〜5時間

過去の経験から鑑みると、単発・中期・長期共に、1回の研修時間は、最低3時間以上は確保したいところです。ただし、あまり長すぎると集中力が途切れて雰囲気がダレやすくなるので、最大でも5時間以内に終わらせた方が良いでしょう。

■研修内容について

研修では一体、何を参加者に伝えたらいいのか？という点が、最も悩むところだと思います。業界や会社によって教えるべき内容は変わりますが、大まかには、以下の3つを柱に構成すると良いでしょう。

（1）「意識改革」

（2）「店頭ボードのロジック」

（3）「実習」

（1）「意識改革」とは、店頭ボードに真剣に取り組むべき理由を伝える講義です。

残念なことに、どんな会社でも「何でこんな研修に参加しなくちゃいけないの？」と、やる気に欠ける参加者が一定数、存在します。そうした参加者を含む全員に、店頭ボードが、いかに店舗集客において重要かを伝えることで、モチベーションアップを狙います。

（2）「店頭ボードのロジック」とは、集客できる店頭ボードを書くための知識や方法を伝える講義です。

（3）「実習」とは、店頭ボードに用いるコピーを考えたり、文字を書いたり、実技テクニックを練習する時間です。

何度となくお伝えしている通り、店頭ボード上達のためには、〝ただ話を聞く〟だけの研修では高い成果は見込めません。講義に加え、実習の時間を設けることも重要です。

ちなみに、弊社で研修を実施する際には、参加者の習熟度を予めリサーチした上で、意識改革・ロジック・実技の3つの比率を考えます。

初心者が多い場合は、意識改革とロジックを長めにしっかりと伝えます。一方、経験者が多い場合には、ロジックの中に発展的な内容を加えたり、実技の時間を多めに取ったりします。

自社で開催する場合にも、参加者のレベルを勘案しつつ、プログラムを考案することをお薦めします。

■監督者について

研修会には、可能であれば経営者、もしくは、それに準じる役職者が開会の挨拶をすると良いでしょう。参加者から見た〝かなり偉い人〟が研修に参加することで、会社の本気度を伝えることができ、その後の研修の成果が変わります。

ある会社では、一般社員が滅多に会えないであろう取締役が参加したのですが、会場の空気が良い意味でピリッと張り詰めて、いつも以上に参加者は真剣に研修に取り組み、非常に実りあるものになったのを覚えています。

一方で、監督者が顔を出さず、一般社員だけで研修を実施すると雰囲気はダレがちです。

経営者・幹部の方は非常にお忙しいとは思いますが、店頭ボードはこれからの店舗集客において非常に重要であり、会社の命運を握ると言っても過言ではありません。

そして、店頭ボードが成功するかどうかの鍵は、実際に店頭ボードを書くスタッフ達にかかっているのです。叱咤激励も込め、万難を排し、顔を出してあげて欲しいと願います。

強制的に学ぶ環境をつくる②「宿題」

強制的に学ぶ環境の２つ目として有効な手段が「宿題」です。

中期・長期研修の場合、研修終了後、次の研修まで、一定の期間が空きますので、その期間に、受講者に**何らかの「宿題」を強制的に課す**のです。

例えば、ある会社で全2回の研修を実施した際には、初回の研修で学んだことを踏まえ、現場で実際に店頭ボードを書いてもらい、そのボードを写真に撮影し、弊社宛にメールで送付してもらうという宿題を課しました。

こうすることで、参加者一人一人の理解度が把握でき、弱点も見つけられるので、次回研修の際にフォローすることができます。

前述の全5回の研修を実施したレストランQ社の際には、初回研修後の宿題はマーカーで文字を書く練習、2回目研修後はコピーを考える練習、3回目研修後は実際にボードを書く練習…と、段階的な宿題を課したこともあります。

単発研修の場合にも、研修終了後に、宿題を課すと良いでしょう。

そうすることで、理解度・習熟度が低い社員を把握できるので、次なる宿題を与えたり、再招集をしてフォローアップ研修を行ったりという手が打てます。

どの様に宿題を課すかは、会社の状況・参加者のレベル、研修の回数によって変わるのですが、いずれにせよ、「今日の研修は終わり。また次の研修でお会いしましょう！」とするのは、お薦めできません。

店頭ボードに限らず、物事を骨身にしっかりと身につけるためには、習慣化することが重要だと私は考えています。そのためには宿題を課して、毎日の中に店頭ボードに取り組む時間を作り出すべきです。

もちろん、宿題を課すことは、研修会で招集する以上に、負担がかかります。中にはプライベートをも削ることになるかもしれません。

そのため、参加者達は息を上げていますが、過去の経験上、真面目に宿題に取り組んだ人程、成長しています。

前述のとおり、店頭ボードは取り組んだ時間が長いほど、上達が見込めます。研修期間中は、店頭ボードに取り組む時間を確保できる様、配慮してあげて欲しいと思います。

《ステップ2》 実習で、見せ合う機会を作る

店頭ボードを飛躍的に上達させるポイント

ステップ1にて、研修会では、必ず実習の時間を設けるべきとお伝えしました。ステップ2では、その実習について、もう少し詳しく触れたいと思います。

恐らく、実習と聞くと、ひたすらボードを書かせる光景が浮かぶかと思いますが、実りある時間とするためには、それだけでは足りません。

実習で成果をあげるためには大事なポイントがあります。

それは、**お互いの書いたボードを見せ合う機会を作る**ということです。

壁に全員分のボードを出す・自分が書いたボードを持ち、一人一人が壇上に上がる…など、やりやすい方法で構いません。

「他の人に見られるなんて恥ずかしい…」なんて声が、参加者から出るかもしれませんが、実は、この羞恥心こそがミソ。

〝知っている人〟に、自分の書いたボードを見られる状況は、飛躍的にボードを上達させる秘訣です。

毎日、店頭ボードを書いても、一向に上達しないのは、見られる対象が〝知らない人〟だからというのが一因です。


例えば、こんなシーンを想像してみてください。

休日の昼下がり。そろそろお腹が空いてきた、あなた。

冷蔵庫を開けてみたけれど、何もないので、コンビニまでお弁当を買いに行こうと思い立ちました。着古したルームウェアで寝癖もあるけれど、すぐ近くだし、このまま行ってしまおうと、財布片手に外出した時に限って、滅多に合わないご近所さんにバッタリ！

ボロボロのルームウェア姿が恥ずかしくて、挨拶もそこそこに逃げ帰った…。


知らない人にならば、多少、恥ずかしい姿を見られても、その場限りだし、構わないけれど、知っている人に格好悪いところを見られたくない…。

こんな心情、誰しも少なからず、持っているはず。

それは、店頭ボードに関しても言えます。

日頃、自身の書いた店頭ボードを見ているのは、将来のお客様候補とはいえ、お店の前を行きかう全くの他人です。

しかし、研修会場にいるのは、同じ会社の仲間達。

全員が顔見知りではないにせよ、道行く他人よりはずっと近い関係ですし、自分が会社にいる限りは関係が続きます。

そのため、自然と、「格好悪いところは見せたくない」という意識が働きます。これこそが、上達するために大事な心理。

「格好悪いところは見せたくない！」

「一人だけ下手っぴで恥をかきたくない！」

こうした思いが、いつも以上にボードに真剣に取り組ませ、上達を促すというわけです。

また、他の参加者が書いたボードを見ることで、自然と「私はあの人より下手だわ…」「あの人よりは上手かも！」と自分のランクに気付きます。

例えば、同期や社歴が近い人と比べて、明らかに自分の書いた店頭ボードが劣っていると感じれば、「あの子には負けたくない…」と密かにライバル心を持つ人もいるでしょう。

その場で順位を発表したり、特定の人だけ褒めちぎったりと、波風を立てる様なことをする必要はありません。

ただ、ライバル心とは奮起を大いに促しますので、これを利用しない手はないといえるでしょう。

個人では思いつかなかったアイディアを得られる

では、具体的に、実習では何を書かせると良いのか？

弊社が研修を実施する場合だと、〝実際にお店に出す〟と想定し、店頭ボードを書いてもらうことが多いです。どの商品・サービスを選び、どの様に売り込むかも、各自に決めてもらっています。

が、必ずしも、そうである必要はありません。

ある会社では、企画担当者からの要望で、「今期の戦略商品である○○を売り込むボードを考える」「猛暑の時に効果的な店頭ボードを考える」といった具合に、商品やテーマをこちら側で決めて、ボードを書いてもらったケースもあります。

ある会社では、参加者が50名程度の大人数だったこともあり、５名毎のグループを10個作り、「Aグループは○○について書いて下さい」「Bグループは□□について書いて下さい」と、グループ毎にテーマを決めて実習を行ったこともあります。


自由に書かせるか？

テーマを決めるか？

どちらがより研修効果が出るのか悩むところですが、これについては一長一短だと思ってください。

店舗では、自分でどの商品を紹介するかを決めて、書いていかなくてはいけない場合が多いと思いますので、自由に書かせる方が、より実践的だと言えます。

一方、テーマを決めることで、一つの商品に対して、参加人数分の店頭ボードが書き上がることとなります。

店頭ボードは書き手によって千差万別。同じ商品を紹介したとしても、二つと同じ内容のボードとなることはありませんので、お互いのボードを見せ合うことで、「この商品には、そういうアピールの仕方があるのか」と、新たなアイディアを得ることができます。

店頭ボードは作品ではなく、販促ツールです。

そのため、社内で、お互いがお互いの良い部分をどんどん模倣しあい、切磋琢磨していくべきだと思っています。同じ商品なのに全く違った店頭ボードの書き方があると知ることは、大きな刺激になることは間違いありません。

どちらにも良い面がありますので、研修時間に余裕がある場合には、実習時間の前半ではテーマを決めて書かせ、後半では自由に書かせるといった具合にするのも一策です。

《ステップ３》添削・指導こそ、成長を促す

スタッフは「A部長とB部長では、言っていることが違う」が一番、困る！

参加者が実習や宿題で書いたボードは、「書かせたら終わり」「提出したら終わり」にせず、必ず、**店頭販促リーダーが添削・指導**を行いましょう。

自分の弱点は、他人の方が気づきやすいもの。それは店頭ボードもしかり。

自分が書いたボードの〝集客力の有無〟は、自身では正確に判断できません。

足りない部分は他人が正してあげなければ、書き手は気付かずに、いつまで経っても、集客力が弱いボードを書き続けることとなります。

だからこそ、《ステップ３添削・指導》が必要なのです。

添削・指導については、店頭販促リーダーが責任を持って行いましょう。「リーダーの意見が絶対である」という構図を作ってください。それには理由があります。

以前、ある会社で研修をした際に、２人の部長が参加したことがあります。

ステップ２で述べた通り、参加者同士がお互いの書いたボードを見せ合う機会として、

壁一面にボードを貼り、公開する時間を設けたのですが、その際に2人の部長の意見がことごとく異なったのです。A部長は「このボードはいいね」、B部長は「いや、このボードはダメだろう」といった具合です。二人の意見は真っ向から対立し、会場はやや険悪な雰囲気に…。

A部長には褒められ、B部長には注意され…見る人によってアドバイスが変わると、書き手は非常に困ります。一般社員からすると、一体、どちらに従えばいいのか分かりません。

この時は講師である私が最終的な判断を下して収束しましたが、社内で研修会を実施する場合には、その役目をリーダーが行う必要があります。

そもそも、店頭ボードに100点満点ということはあり得ません。

なぜなら、人によってどういうボードに惹かれるか？は、変わるからです。

より大多数を引き寄せることができる〝正解に近いボード〟というものは存在しますが、全人類を引き寄せることができる100点満点のボードは、まず、存在しないのです。

それを鑑みると、A部長とB部長の意見が異なったのは、ある意味、当然のこと。

お二方は、同じ会社に勤めているとはいえ、趣味も好みも異なりますので、琴線に触れる内容も違うからです。

だからこそ、店頭販促に関しては、基本的には店頭販促リーダーを信頼して全権を委ねるべきなのです。他の人の意見を取り入れない・聞き入れないというわけではありませんが、会社の店頭ボードの羅針盤を持っているのはリーダーであり、最終的にはリーダーの意見が絶対であるという構図を作るのがベストです。

否定するだけではなく、肯定し、導くこと

添削・指導をする際のポイントは、「これじゃ、ダメ。書き直して」といった具合に、切り捨てないということが挙げられます。

先ほど、店頭ボードには１００点満点はないと書きましたが、逆に、０点も存在しません。

・大勢のお客様を集められる集客力のある店頭ボードか？

・ほんの少しのお客様しか集められない集客力のないボードか？

という違いがあるだけです。

例え、たくさんのお客様に響くものではなかったとしても、世界中で1人か2人には響くかもしれない…。そうなると、その店頭ボードが0点であるとは言えません。

そのため、書き手が懸命に考えたボードを否定し、切り捨ててはいけないと私は考えています。

とはいえ、世界中で1人か2人しか呼び込めない店頭ボードでは、会社としては困ってしまうと思います。

そこで、書き手の思いを大事にしつつ、どこを、どう改善すれば、もっと多くの人々を集められる店頭ボードに生まれ変わらせることが出来るかを見抜き、具体的に助言することが大事です。

否定だけするのではなく、「なぜ集客力が弱いのか?」という課題点の指摘と共に、「どこを改善すれば、お客様を呼び込める店頭ボードになるか?」という改善点を言語化し、正解に近い答えを提示するのです。

いくら素晴らしい講義を聞いても、手が痛くなるほど大量のボードを書いても、それだけでは決して店頭ボードは上達しません。自分の書いたボードへの指摘とアドバイスを経てはじめて、書き手は自分の弱点に気付け、ステップアップができるのです。

…と、言うは易く行うは難し。添削・指導はリーダーにかなりの負担となると思います。

なぜならば、目の前のボードが「集客できそうか?できなそうか?」のジャッジをすることは、比較的、容易です。

しかし、集客できなそうなボードに対して、「どこを改善すれば、集客力のあるボードに変えられるか？」を論理的に助言することは、意外と難しいものです。これぱっかりは数をこなし、慣れていくしかない部分もあります。

ただ、数多くの受講生を見てきた経験から言うと、実習で陥りがちな欠点には、いくつかのパターンがあるものです。それらの一部をここで紹介しますので、ぜひ、添削・指導をする際の参考にしてください。

陥りがちな欠点

実習でボードを書いてもらった際に、よく生じる欠点とは、「**文字が読みづらい**」「**コピーが弱い**」「**意味が分からない**」の三つが挙げられます。

「文字が読みづらい」とは、文字が小さすぎる・癖が出過ぎているなど、初見では判読が難しい文字を書いていることです。

「コピーが弱い」とは、お客様を動かすにはパワーが足りないということ。

この二つは、恐らく、社内の人間でも、比較的、ジャッジが容易かと思います。

問題は「意味が分からない」です。

「意味が分からない」とは、一般的知名度の低い商品にも関らず、説明が足りていなかったり、専門用語や業界用語を多用しすぎていたり、何を訴えたいのかが理解できないボードのことです。2章でお伝えした「金沢棒茶」の例もこれにあたります。

「コピーが弱い」と「意味が分からない」は、やや似ていると感じるかもしれませんが、前者は文章の意味は分かるけれど食指が動かないこと。後者は、そもそも何を訴えたいのかが分からないので、全く食指が動かないということです。

例えば、このコピーは、一体、何を伝えようとしているのか分かりますか？

『エジプト型の方には、ラウンドトゥがお薦め！
チャンキーヒールならば、より快適ですよ！』

これは、私がファッションメーカーに勤めていた頃に学んだ専門用語です。エジプト型とは、親指が最も長い足の形のこと。ラウンドトゥとは、靴のつま先のデザイン名で、丸みを帯びている靴のこと。チャンキーヒールはヒールの形の名前で、通常よりも太めのヒールのことです。

ファッションを扱っている人ならばご存知かもしれませんが、そうでない人にとっては、馴染みのないワードと言えるでしょう。

要は、**「親指が最も長い足の方には、つま先が丸みを帯びたデザインの靴がお薦めです。太いヒールならば、より快適です。」**と伝えたかったわけですが、コピー全体で専門用語を使いすぎているため、業界外の人は「何を言いたいのか、意味が分からない」と感じたことでしょう。

私が講義をする際には、「普段、使っている言葉が一般用語とは限りません。コピーを考える際には、業界外・社外の人にも理解してもらえるかを考えながら、ワードを選びましょう」と、必ず、伝えます。

それにも関らず、どこの会場でも、ほぼ毎回、業界外・社外の人には理解できないワードを選ぶ方がいます。指摘されて初めて、「あ！確かに、一般の方は分からないですね！」と気づくのです。

この「意味が分からない」とは、同じ業界・会社で働いていると、気付けずに見過ごしてしまうことが多いです。このワードは専門用語なのか？一般用語なのか？は、その業界に長くいる人ほど、境界線が曖昧になってくるもの。

絶対に忘れてはいけないのは、店頭ボードを見ているのは、基本的には無知な人ということ。お店のこと、業界のことは知らない人が対象なのです。

リーダーは、業界外・社外の人間になったつもりで、チェックすることを心がけて下さい。

どうしても研修会が実施できない場合の対策

「マニュアル」と「宿題」で通信教育をしよう

教育の仕組みについて、一通り説明しましたが、恐らく、ネックとなってくるのが、研修会かと思います。研修会を開くとなると、会場手配やレジメづくり、研修への参加で抜けるスタッフの人員確保など、様々な手間や労力が発生します。そのため、躊躇する気持ちが先立つ会社もあるかもしれません。

しかし、例え、やる気が低かったとしても、勤務時間中に同じ会社の仲間と共に参加している研修で、おおっぴらに居眠りしたり、サボッたりするわけにはいきません。強制的に学ばせることができる研修会は非常に有効なのです。

…と、分かっているけれど、やはり、どうしても研修会の開催は難しいという会社もあると思います。もしくは、店舗数・社員数が多いため、社員全員を参加させることはできないという場合もあると思います。

こうした場合には、**通信教育**という手段もあります。

通信教育を行う際には、二つの要素が必要です。

一つ目の要素は〝マニュアル〟です。

実際、以前、店舗数を多く抱えるY社から、社員に配布するための店頭ボードのマニュアル制作を依頼されたことがあります。

「Y社にとって最適な店頭ボードはどういうものか？」「逆にどういう店頭ボードは相応しくないか？」をまとめたものです。つまり、世界に一つだけ、Y社のためだけの店頭ボードの教科書です。

こうした教科書的な資料を制作し、各時に配布。店頭ボードのノウハウを自宅や店舗で自主学習してもらうのです。


ただし、ここでも「強制的」というのがポイントとなってきます。

Y社では、弊社が作成したマニュアルを社内ネットワークを用いて全スタッフに共有し、読む様に指示を出しました。

数ヶ月後、Y社の店舗スタッフと会う機会があったので、マニュアルの感想を聞いてみたところ、しっかりと読んでくれたスタッフもいる一方、「まだ読んでいません…」というスタッフ、中には存在自体を知らなかったというスタッフまでいました。

決して何百ページもある大作ではなく、50ページ程の冊子です。それにも関らず、本部から一斉送信で届いたメールをチラっと見ただけで、マニュアルが格納されているリンクURLをクリックしなかったのです。

つまり、「このマニュアルを読んでおいてね」と各々の自主性に任せると、十分な効果が得られないケースが発生するということです。こうしたことを避けるためにも、マニュアルを配布するのであれば、「必ず読むように！」と伝え、読んだかどうかのチェックも行うことが重要です。

二つ目の要素は〝宿題〟です。

繰り返しになりますが、店頭ボードを上達させるためには、話を聞くだけ・資料を読むだけでは十分ではありません。必ず、手を動かし、ボードを書くことがセットであるべきです。それを担うのが「宿題」と「実習」なわけですが、研修会がないとなると必然的に「実習」はなくなりますので、「宿題」にその役割を担わせることとなります。

宿題については、会社の規模や社員のレベルによってやり方が変わりますが、マニュアルを読んだ上で店頭ボードを書いてもらい、定期的に提出してもらうというのが一つです。

もちろん、提出された宿題については、リーダーが添削・指導を行います。一度で終わりではなく、参加者の習熟レベルによっては、何度か宿題を課し、添削して…という、やり取りすると良いでしょう。

本来は研修会を開催して、ライブで講義を受け、仲間と共に緊張感の中で実習に取り組み、添削・指導を受けることがベストです。

しかし、どうしてもそれが叶わない場合には、〝マニュアル〟と〝宿題〟で「通信教育」にチャレンジしてみてください。


以上が教育の仕組みの概論です。

本章で挙げた教育の仕組みについては、あくまでモデルケースであり、必ずしも、この通りに行う必要はありません。

会社によって最適なやり方は変わりますので、本章を参考に、社内で創意工夫し、社員達が店頭ボードについて、しっかりと学べる様な仕組みを構築してみてください。

第5章

店頭ボード力を底上げする『道具の仕組み』『運用の仕組み』

『道具の仕組み』について

ある地方支店では、正しい備品さえ用意できていなかった

本章では、「道具の仕組み」と「運用の仕組み」について解説します。

まず、「道具の仕組み」について。これは、大きく言うと、〝**どんな道具を、どのような手段で調達するのかを決めておくこと**〟です。

そんなことまで仕組み化する必要があるの？　と、驚かれる方が多く、見落としがちな部分ではありますが、実はとても重要です。

それを表すエピソードを紹介したいと思います。

本州全域で店舗を展開しているC社。統括本部は東京にありますが、店舗は各地方に点在しています。

「集客数アップのために、全店の店頭ボード力を底上げしたい」と、ご依頼いただき、東北・中部・近畿・四国の地域単位で、計4回の研修をすることに。内容については、研修の企画担当者と相談し、実習を含む研修で構成しました。

実習を含む研修の場合、座学のみの研修と比較して、ご用意いただく備品が増えます。何を置いても必要なのは、「ボード」と「マーカー」です。

一口にボードとマーカーといっても種類は豊富であり、「一体、どんなものを用意したらいいのか？」と、主催元が戸惑われるケースが多いので、弊社から、予算別に推奨品をいくつか紹介する様にしています。

C社の場合、ボードは弊社の推奨品を用意された一方で、マーカーは各店が既に使っているものを持参してもらうことに決まりました。

さて、C社の東北地方での研修の際の話です。研修当日、各店を代表するスタッフが、研修会場に集まりました。

講義後に実習をしたのですが、ある参加者が持参したマーカーを見て、思わず、「ちょっと待って！そのマーカーでボードを書くの？」と声をあげてしまいました。

なぜならば、それは、いわゆる普通の水性マーカーだったからです。学生時代に、図工で使った記憶のある懐かしいものでした。

水性マーカーとブラックボードに書くためのマーカーは、全くの別物です。

もちろん、水性マーカーでも、ボードに書くことは出来ます。しかし、元々がボード向けに作られてないためか、発色が十分でなく、ボードに書いた文字やイラストが見づらくなることが多いです。

また、インク成分の違いのせいか、消す際には、かなり力を込めてゴシゴシと拭かなくてはならず、余計な労力がかかる上、ボード本体に傷もつきやすいのです。

水性マーカーを持参した参加者に、「書いた文字が、消しづらくないですか?」と尋ねたところ、「そうなんですよ～!」と、大きく頷きました。

本人も消すのが大変だなと感じつつ、それまで店頭ボードについて、ちゃんと学んだことがなかったので、〝店頭ボードって、こういうものなんだろうな〟と諦めていたそうです。

もちろん、ボード専用マーカーであれば、ボードのために開発されたマーカーだけあって発色も良いですし、ゴシゴシと力をこめなくても文字を消せます。

しかし、その参加者は、何も知らなかったので、ずっと要らぬ苦労をしていたのです。


同じくC社の近畿地方での研修の際には、こんなことがありました。

ボード専用マーカーはペン先に、いくつかの種類があります。メーカーによってラインナップや呼称は変わるのですが、細字・中字・太字・極太字あたりがスタンダード。

細字が最も細く小さい線が書け、細字↓中字↓太字↓極太字の順に、書ける線が太く大きくなっていきます。

ボードの大きさや、書きたい文字サイズ・太さによって、各ペン先のマーカーを使い分けるのが一般的です。

さて、ある参加者が持ってきたマーカーは、極太字という非常に太いペン先のものでした。一方、研修のために用意したボードはＡ３サイズで、小ぶりなもの。

ボードを書いたことがない方だと、イメージしづらいかもしれませんが、Ａ３サイズのボードに極太字のマーカーで文字を書くとなると、書ける文字数はかなり限られます。ペン先が太いので、必然的に、大きくて太い文字しか書けないからです。

例えば、「ＯＰＥＮ」とか「ＳＡＬＥ」とか、ワンフレーズを大きく伝える様なボードを書くのであれば、それでも問題はありません。

しかし、Ｃ社の研修で受講者に書く様に指示したテーマは、「お客様を呼びこむためのボード」でした。来店意欲を持たせるボードを書こうと思ったら、ある程度の文字数を書く必要があります。

そのため、その参加者は極太字のマーカーを使い、苦心しながら、一生懸命、ボードを書いていました。

見かねて、「極太字のマーカーで無理に小さい文字を書くよりも、もう少し、細いペン先のマーカーを使ったらどうですか？」と尋ねたところ、その参加者は申し訳なさそうに

使用するペン先による文字の印象の違いイメージ

← 中字

太字 →

← 極太字

「これしか買えないんです…」と答えました。

都会ならば、ちょっと電車に乗れば、ボード用品を扱っているお店がいくつも存在し、選び放題です。しかし、その参加者は人口が少ない地方都市で働いていて、お店や商品の選択肢が少なく、極太字のマーカーしか手に入れられないそうなのです。

ただ、今はネット通販という手段があります。ボード専用マーカーは、私が知る限り、メーカー自社サイトはもちろん、某大手通販サイトでも取り扱いがあります。

そこで通販での購入を薦めてみたのですが、C社では会社が契約している通販会社以外では、原則、物品購入が出来ないそう。そして、運悪く、契約している通販会社にはボード専用マーカーの取扱いがなかったのです。

申請をすれば、契約していない通販会社でも買い物することは可能だそうですが、社歴が浅く声を発しづらい立場だった上、「店頭ボードに対して、そこまで注力する必要はないのだろう」と勝手に思い込んでいたため、手続きをしなかったそうです。

本人も書きづらさや出来の悪さを自覚しつつも、「まぁいいか」と、店頭ボードを書いていたのです。

道具の購入ルートを明らかにしましょう

例えば、社内で使うノートやファイルといった文房具は、総務や庶務の管理の元、どこで購入するのか？　何を購入するか？　といった明確なルールが決められているはず。

一方で、店頭ボード販促に関わる道具に関しては、C社の様に、品種や購入に関する明確なルールが存在せず、ほぼ現場任せという会社が多いのではないでしょうか。

店頭ボード販促で最も大事なことは、何を訴えるかということ、つまり、内容です。

しかし、道具が悪いと見栄えの悪い店頭ボードになりやすく、せっかく良い内容を訴えても、読みづらくなり、結果として集客力のないボードになってしまう可能性もあります。

また、使いづらい道具は、書き手のモチベーションを下げます。

C社の東北地方のスタッフの様に、誤ったマーカーを用いているがために、毎回、文字を消すのに無駄な手間がかかったり…。

同じくC社の近畿地方のスタッフの様に、適したマーカーがないので、毎回、悪戦苦闘しながら書いたり…。

どちらも些細なことと言えば、些細なことかもしれません。しかし、それらが毎日毎日、積もり積もっていくと、「何だか、店頭ボード販促って面倒だな…」と、やる気を損なわせかねません。

店頭ボード販促は、コピーやレイアウトを考え、自らの手を動かし文字を書いて…と、非常に主体性が求められる販促物です。

それにも関わらず、書き手のモチベーションが低い状態では、決して、お客様を魅了する様なイキイキとした店頭ボードは書けません。

モチベーション低下を防ぐためにも最低限の道具の仕組みを整えるべきなのです。つまり、店頭ボード販促に必要な各道具について、どの様な考えを持っているのかを明らかにし、社内にきちんと発信するのです。これも店頭販促リーダーの役目です。

どの様な考えを発信するのかは会社次第です。本書では考え方について記しますので、参考にして下さい。

●店頭ボード本体について

まず、ボードは大きく４つの違いが挙げられます。

①デザインの違い…A型という、筆記面が二つあって双方向にアピールできるタイプ、イーゼルにボードを載せるタイプ、吊り下げられるタイプなど。

②サイズの違い…手のひらサイズから腰くらいのスタンダードなサイズのもの、背丈を超えるビッグサイズのものもある。

【 ボードの違いについて 】

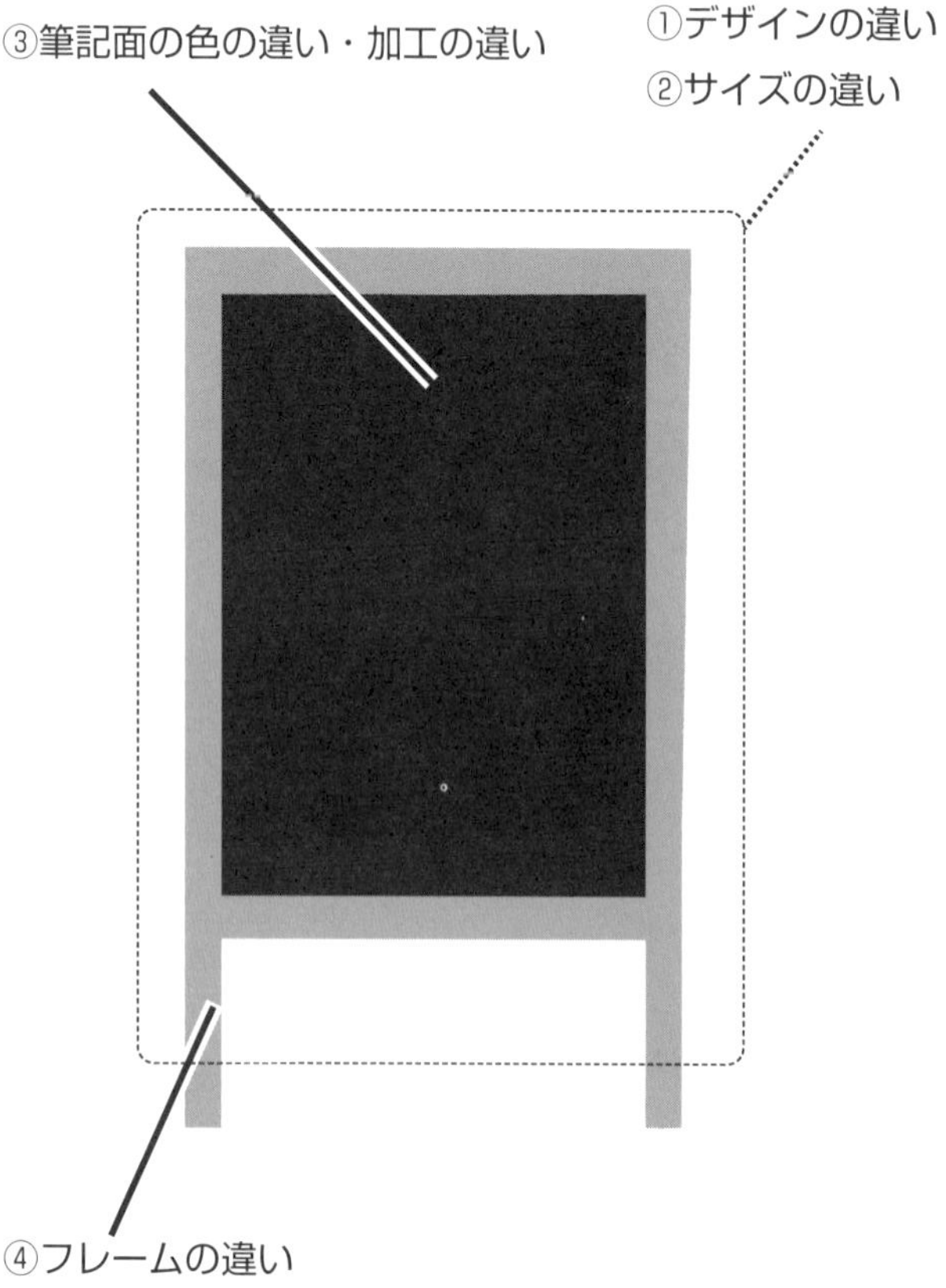
③筆記面の色の違い・加工の違い
①デザインの違い
②サイズの違い
④フレームの違い

③筆記面の違い…黒の他、紺やグレー、緑、赤など、多様。
また、色の違い以外に、表面に光沢があるツヤ加工されたものと、ツヤが無いマッなものもある。

④筆記面周りのフレームの違い…黒色・茶色・こげ茶色・白色など。

店頭ボード本体は、本部から一斉支給したり、型番指定したりするよりも、それぞれの店舗サイズやお店のテイスト、周囲の雰囲気に合わせて選ぶのが最も理想的です。

そこで、「こういう雰囲気のお店は、このボードが良い」「こういうサイズのお店は、このボードが良い」と、**店舗タイプ別の候補案をキャプション付きでいくつか提示できるとベスト**です。いわば、〝ボードの社内カタログ〟を作ると思ってください。

店舗側はリーダーがチョイスした候補の中から、自店に最も適したボードを選ぶといった仕組みが作れるとベストです。

さて、ボードは、長く使っていると、フレームが傷ついたり、文字がキレイに消えなくなってきたりと、確実に劣化します。こうした古びたボードを店頭に出し続けることは、店舗集客にとって弊害でしかありません。

ボロボロで汚れた洋服を着たスタッフが店前で呼び込みをしていたら、いくらお店の魅力を雄弁にアピールしていたとしても、お客側からすると入店を避けたくなります。

店頭ボードも同様で、いくら素晴らしい内容をアピールしていたとしても、ボロボロのボードでは、「不潔そうなお店」「気が回らなそうなお店」という悪印象を与え、却って、入店率を下げます。

特に、①高単価、②女性がメイン対象、③衛生面が重要視される（例・エステなど）の3つに該当する様なお店は、その傾向が高まると思っていいでしょう。

しかし、現場からは、ボードを買い替えたいという要望は、中々、出しづらいもの。

例えば、前章冒頭で紹介した不動産仲介業・R社。

不動産屋で扱う商材に100円、200円なんて単価のものがあるはずがなく、基本的にお客様が支払う金額は六桁を超えます。

つまり、R社は、一般的には①高単価のお店に該当しますので、店頭ボードの美化には、人一倍、気を使う必要があるわけですが、ある店舗では非常に年季が入ってボロボロの店頭ボードを使用していました。

さすがに、見るに堪えかねるレベルだったので「これはすぐ買いかえるべきですよ」とお伝えしたのですが、女性社員の方は「そうなんですよね…でも、うちの所長がコストに厳しいので、無理だと思います…」とポツリ。

コスト管理は非常に重要であり、無駄なお金をばらまく必要は絶対にありません。しかし、店頭ボードはこれからの店舗集客にとって非常に重要なパーツです。

それなのに、ボロボロの店頭ボードを使用していたら、いくら魅力的な内容を訴えていたとしても「このお店に入るのは止めよう」と取り逃がしてしまう可能性もあります。

はっきりいって、ボロボロの店頭ボードを出すくらいならば、最初から、店頭ボード販促をやらない方がマシです。なぜならば、店頭ボードを一切、出さなければ、集客に与える影響は良くも悪くもゼロです。

一方で、ボロボロの店頭ボードを出すことは、マイナスにもなり得るからです。

店頭ボードに取り組むからには、**ボード本体を清潔に保つという点にも気を配り続ける必要があります**。**そして、これもリーダーの大事な役目の一つ**です。

半年に一度くらいの頻度でも構わないので、全店に店頭ボードの状況を報告させ、劣化の激しいものに関しては、有無を言わさず、新しいボードに買いかえる様に促すべきです。

現場からの自己申告を待つのはお薦めできません。「このボードは置くに堪えないレベルか？　まだ使えるレベルか？」という基準は人によって違います。明らかに買いかえるべきレベルの劣化だったとしても、現場スタッフが「まだまだ使えるな」と誤った判断をしてしまう場合もあります。そうすると、申告してこないので、いつまで経っても劣化したボードが店頭に置かれ続けることとなります。

また、必ず、うっかりで、申告し忘れる店舗も出てくるはず。そういったことを避けるためにも、必ず、リーダーの方から声をかけ、報告させることが重要なのです。

●筆記具について

店頭ボードで用いる筆記具には、チョークとマーカーの2種類があります。

弊社では、初心者でも扱いやすく、注目を集める店頭ボードが書きやすいという理由からマーカーを用いることを推奨しています。しかし、決して、チョークがNGというわけではありません。チョークは、素朴で柔らかい雰囲気を演出できるという特長があります。どちらの筆記具にも良い面・劣る面がありますので、店頭販促リーダーがお店にとって最適な筆記具を判断してください。

尚、弊社では基本的にマーカーを推奨していますので、本書では、マーカーについてのみ解説します。

ボード専用マーカーは、複数の文具メーカーから発売されています。私は主要メーカーのものは全て試す様にしていますが、メーカーによって書き味・発色は千差万別です。

店頭販促リーダーも主要品を試し、最適なものを〝会社の指定品〟として決めると良いでしょう。こうしておくことで、C社の東北地方の例であった様に、専用マーカー以外の筆記具でボードを書くなんていう初歩的なミスを防げます。

マーカーは買い替え頻度が高いので、その都度、リーダーが各店舗の購入を手配していては大変です。そこで、インクが無くなったら自由に買える様にどこのルートから買えば良いのかも明確にしておきましょう。

特に地方の場合だと、取り扱いのある店舗が身近に無い場合もありますので、ネット通販が便利でしょう。ただ、会社で契約してる通販会社では指定マーカーを扱っていないという場合もありますので、その際には、契約していない通販会社でも購入できる様に配慮しておく必要があります。

些細な点ですが、現場スタッフが常にモチベーション高く、店頭ボードに取り組める様、リーダーがフォローする必要があります。

●あると便利な道具について

店頭ボード販促における必須道具はボード本体と筆記具ですが、それ以外にも用意しておくと重宝する道具がいくつかありますので、ご紹介したいと思います。リーダーが試し、必要と感じたならば、ぜひ、導入を検討して下さい。

【ボード専用クリーナー】

ボードに書いた文字は濡れた布でも落とせますが、専用クリーナーを使うことで、ボードを傷つけずに、簡単かつ綺麗に消すことが可能です。クリーナーにはスプレータイプやウェットティッシュタイプがあります。

【雨用カバー】

店頭ボードの大敵といえば、雨。ボードが濡れると文字が消える上、ボード自体も劣化しやすくなります。こうしたことを避けるために、レインコートの様にボードの上から被せる専用のビニールカバーがあります。雨の日は、そもそもボードを出さないという会社は少なくありませんが、集客チャンスを逃したくないという場合には、こうしたツールに頼るのも一つです。

【重し】

風が強い日、ボードの足に重しを取り付けることで、転倒を防ぎます。水を入れたペットボトルなどでも代用可能ですが、手軽さや見栄えを重視する場合には専用商品もお勧め。

【写真素材】

これは、いわゆる道具とは少し毛色が異なります。ボードは文字だけで訴求するのではなく、商品写真やイメージ写真などを貼り付けることで、訴求力アップが狙えます。

特に、文字だけで説明するのが難しい商品を扱っている場合は、写真をボードに貼って視覚的に訴求することを研修でも強く薦めています。

ただ、ある会社で研修を行った際、スタッフから、こんな声が出たことがあります。

「写真がプリント出来ないかもしれません…」

今は、コンビニに行けば、すぐに写真プリントが出来るはず。それを伝えると、「プリント代を出してもらえないかもしれないんです…」と申し訳なさそうに言いました。

詳しく聞いてみると、自分の書いたボードで集客できるという確証はないのに、経費を請求しづらいし、認めてもらえなそうと思ったそうなのです。（実際に確認したところ、経費として捻出してもらえました。）

プリント代は、１枚数百円程度。それで、より集客できる店頭ボードとなり得る可能性があるのであれば、会社として、決して、捻出が難しい額ではないと思います。

しかし、そうした考えがスタッフ側には伝わっていない場合があります。

・店頭ボード販促に用いるなら無制限にプリントＯＫとするか？
・月５枚まではプリントＯＫとするか？
・本部から希望する写真をプリントして支給する形とするか？…。

いずれの考えにせよ、会社の考えを発信しておくといいでしょう。

【デコレーション素材】

これも、少し道具とは毛色が異なります。

店頭ボードは、マーカーで文字やイラストを書くだけでなく、季節に合った造花やモールなどの素材で飾り付けをすることで、一気に華やかになります。(私は、ボードのデコレーションと呼んでいます。）

もし、現場に余裕があったら、ぜひ、デコレーションにもチャレンジして欲しいのですが、その際に必要となる造花やモールといった素材についても、写真同様、現場は無断購

写真を貼ったボード例 … 写真はそのまま貼っても、切って貼っても◎

造花で装飾したボード例 … 一気に華やかな印象にすることができる

入しづらい・できない場合もあると思うので、リーダーが予算や購入ルートなどを指示しておくといいでしょう。

『運用の仕組み』について

〝知識・技術がある〟と〝会社にとって適切なボードが書ける〟はイコールではない

次に、「運用の仕組み」について解説します。

「運用の仕組み」は、大きく５つから成り立ちます。

①「方向性の決定・伝達」
②「店頭ボードを書きかえる頻度」
③「担当者の決定」
④「店頭ボードのチェック」
⑤「相談・アドバイス」

後ほど詳細を説明しますが、まずは簡単に５つのポイントを説明します。

①「方向性の決定・伝達」とは、どんな内容を店頭ボードでアピールしていくかを定め、各店に伝えることです。

『運用の仕組み』構成イメージ図

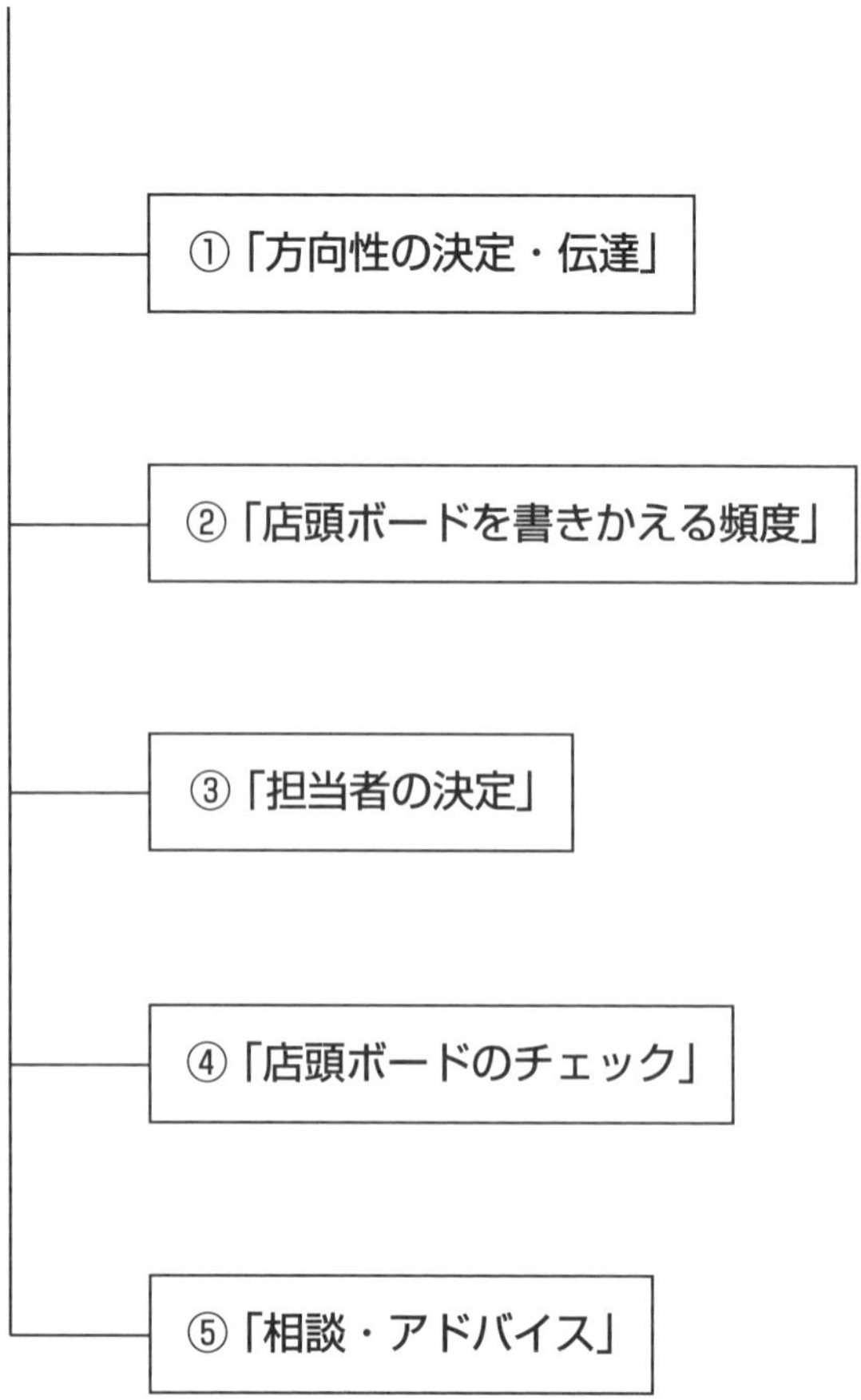

現状は、店頭ボードに何を書くかは現場に任せっきりという会社が多いと思いますが、これらを経営者・統括本部側が決めて発信するのです。運用の仕組みで最も重要な部分と言えます。

②「**店頭ボードを書きかえる頻度**」とは、どれくらいの周期で店頭ボードの内容を書き直すべきかを決めることです。

③「**担当者の決定**」とは、店舗毎に誰が店頭ボードを担当するかを決めることです。

④「**店頭ボードのチェック**」とは、日々の店頭ボードの出来栄えをチェックし、会社として相応しくない場合には改善を実施することです。

⑤「**相談・アドバイス**」とは、現場スタッフが店頭ボードを書いていく上で疑問や不安に思ったことに関する連絡窓口を作り、適時、相談に応じることです。

会社によって、更に項目が増えることもあるのですが、基本的には、これら５つを合わせて「運用の仕組み」とします。

ここで、「はて？　教育の仕組みで研修会を経ていれば、ボードに関する知識と技術は備わっているはずだし、各自で運用ができるのでは？」と思った方が多いかと思います。

確かに、研修会を経ていれば、各自、ボードに関する知識と技術を有しているでしょう。

しかし、例え、社員全員が研修に参加し、同じ内容を同時に学んだとしても、ある店舗の店頭ボードはズバ抜けて上手である一方、ある店舗のボードはイマイチ…といったバラツキが生じます。

店舗数が多く、社員数が増えれば増えるほど、上位メンバーと下位メンバーの差は大きくなることでしょう。それは、社歴・経験値・物覚えの速さ・センスの有無といった様々な要因から、ある意味、致し方ない事と言えます。

とはいえ、「仕方がないか…」と諦めるわけにはいきません。複数の店舗を展開している以上、全店の売上を平均的に底上げしていくことが至上命題かと思いますので、少しでも各店舗のレベル差を無くし、全店が集客力のあるボードを書ける様に務めていくべきであり、その際に「運用の仕組み」が非常に有効となります。

また、各自に店頭ボードの運用を任せっきりにすることとは、レベルに差が生じるということ以外にもう一つ、大きな問題が生じやすくなります。

個人経営・家族経営のお店、単店〜2店舗程度を運営している会社であれば、研修を経た後に、各自にボードの運用を任せていく形で問題ありません、それは店頭ボードを書くのが経営者自ら、もしくは、経営者・本部と担当者との間で綿密なコミュニケーションが取れるくらい距離が近いことが、ほとんどだからです。

一方で、運営店舗が３店舗以上となってくると、３章最後でも触れた通り、経営者・本部と担当者との間に、心理的にも物理的にも距離が生じやすくなります。

そうなると、経営者や本部の意思・意向が正確に伝わらず、会社として望ましくないボードが店頭に並んでしまったり、会社として望ましくないボードが出続けていることに気付けなかったり…といったことが起こりやすくなります。

つまり、勉強会を経て、知識や技術を身につけたからと言って、必ずしも、会社にとって適切な店頭ボードが店頭に並ぶとは限らないのです。


経営者の声、社員達に正確に届いていますか？


ここで恥ずかしい昔話を一つ。以前、百貨店で販売員をしていたというのは前述の通り。ある日、先輩から「中村さん、商品陳列をやってくれる？」と指示されました。商品陳列を行うのは初めてだった私は、緊張しつつも、仕事を任された嬉しさから、懸命に取り組みました。

「先輩、終わりました」

我ながらセンスがある！　商品陳列を終えた私は先輩にチェックをお願いしました。

しかし、私の行った陳列を見た先輩は「これじゃダメね」と一言。

なぜダメなのか？　研修やＯＪＴを通して学んだ陳列のルール通りに行ったのに…。

不服そうな私を見かねた先輩がこう言いました。

「中村さん、売りたいものと売るべきものは違うのよ」

私は当時、非常に我が強く、それは仕事振りにも表れていて、自分が好きなアイテム・売りたいアイテムだけを目立つ様に華々しく陳列し、自分が嫌いなアイテムは目立たない最下方にまとめて陳列したのです。

具体的に言うと、会社としては、そのシーズンはエレガンスなアイテムを売りたいという意向を持っていました。

それを知っていたにも関わらず、エレガンスが好みではなかった私は、よりによって、エレガンスと対極にあるカジュアルなアイテムを前面に押し出した陳列にしたのです。

今思い返すと、自分の愚かさが分かるのですが、当時は「なぜ、先輩は、この素晴らしい陳列が理解できないのだろう！」と不満に感じました。顔が赤くなる思い出です。

当たり前のことですが、お店は自分の家ではありません。私がお店の経営者であればともかく、ただのイチ平社員です。自分の好きなものを並べたてるのではなく、会社・お店として売るべきものを目立つ様に並べるべきです。

社内研修やＯＪＴで学び、知識は持っていました。

しかし、「売りたいものと売るべきものは違う」という視点がすっかり抜け落ちていたがために、大きな間違いを犯してしまったのです。

これは陳列に関するエピソードですが、店頭ボード・店頭販促についても、同じ様なことが起こり得ます。

弊社では企業研修を行うにあたって、必ず、経営者もしくは本部の方と事前打ち合わせをします。議題は、店頭ボード・店頭販促に関する悩みや要望だけに留まらず、会社の方向性だったり、今後の店舗運営に望むことだったり、経営目標だったりについてもお伺いする様にしています。

それは、**経営目標と店頭販促は連動させるべき**だと考えているからです。

例えば、会社として「今期はAという高単価な商品を売り込み、各店の単価アップを狙う」という経営目標を立てたとします。

しかし、ある お店の担当者が「私はBという安価な商品が好き！　だから、この商品で集客できそうな店頭ボードを書いてみよう！」と考えたとしたら？

全社を挙げて、単価アップを目標として掲げているのに、それに逆走する様な店頭ボードが店前に出ることとなります。

改めて強調しますが、**店頭販促とは道行く人々に広くアピールできる上、訴求力も強い販促物**です。その中でも、**手書きの店頭ボードは、ひときわ通行人からの注目度が高い**です。

例えば、手書きで宛名が書かれた手紙と、プリンターで宛名が印刷された手紙が同時に届いたら、多くの人は「手書き宛名の手紙の方が重要度が高そうだ」と判断し、優先的に開封することと思います。

それは、デジタルの制作物よりも、手書き制作物の方が注目してもらえる傾向があるからです。

店頭販促においても同様で、手書きでつくる店頭ボードは注目してもらいやすく、非常に目立つ存在です。それにも関わらず、会社の意思・意向とは、真逆のことをアピールされていたら…？

あるお客様にとっては、店頭ボードで知りうる情報がお店の全て、ということもあり得ますので、誤ったイメージを与えてしまうことにもなります。

これは、架空の話ではありません。

実習にて「実際にお店に置くと仮定して、店頭ボードを書いてみましょう」と指示すると、事前に経営者・本部から聞いていた経営目標に反する方向性の内容を書く方が、意外と多いものです。

例えば、自身が好きな商品を紹介するボードだったり…。

例えば、自身にとって書きやすい商品を紹介するボードだったり…。

もちろん、書き手の私情がボードに入ることが悪いわけではありません。

店頭ボードの良さとは、現場で実際にお客様達の顔を見て、会話をしている人間が書くという点です。

マーケティングや市場調査データでは見えてこない、生の声を直接聞いた上で、自分なりの言葉で販促物を作るからこそ、時として、オフィスでパソコンに向かっている人間には思いつかない、お客様の心にズドンと響く制作物が生み出せるのです。

しかし、いくら勉強会で習得した知識と技術を駆使し、お客様との触れ合いの経験を力テに、素晴らしく魅力的な店頭ボードを書いたとしても、それが会社の意図とは反するものだったとしたら、経営者・本部として看過してはいけないはず。

こうしたことを防ぎ、集客に効果的かつ会社にとって適切な店頭ボードをお店に出し続けるための施策が「運用の仕組み」なのです。

『運用の仕組み』を構成する5大要素について

運用の仕組み①「方向性の決定・伝達」

経営者・本部の皆さんに質問です。

例えば、次に述べる様な、会社の経営目標や今後の方向性・スケジュールなどを、しっかりと社員達に共有していますか？

・会社は今、どういうフェーズにいるのか？
・何に集中して取り組んでいるのか？
・他の販促は、どういうスケジュールで実施予定なのか？
・今後の商品リリース予定は？　…などなど

多くの会社が、会議・社内報・メールなど、何らかの形で社員達に情報発信をしていることと思いますが、その情報は、本当に、正確に全社員へ届けられているという確信はありますか？

店頭ボードを書くのは、大抵は一般社員。場合によっては、アルバイトやパートスタッフ達です。店長クラスの社員には情報が伝わっていたとしても、実際にボードを書く部下達にも情報がきちんと伝わっていると、自信を持って断言できるでしょうか？

また、よくあるのは、全員に情報は届き、内容も確認していたけれど、「店頭ボードもそれに従うべきである」と認識していなかったということです。つまり、会社の方針を知ってはいたけれど、店頭ボードには反映させていないという状態です。

多くの場合、スタッフ達は「集客できるボード書いておいてね」という曖昧な指示しか、もらっていません。そうなれば、指示された本人は、自分なりに考えた集客できる店頭ボードを出すことでしょう。

経営者や統括本部としては、「経営目標とリンクさせるのは、当たり前だろう！」と思っていたとしても、その様に解釈せず、全くの別モノとして考えてしまうのです。指示は言葉にしなければ、伝わらないのです。

こうしたことを避けるためにも、〝情報を、正しく、きちんと伝達する仕組み〟を構築することが重要です。

それによって、「言ったのに、伝わっていなかった」「意図が正確に伝わっていなかった」

という不要なトラブルを避けることができます。

つまり、「**集客できるボードを書いて**」と**目標を伝えるだけでなく、具体的な方向性を伝え、店頭ボードの舵取りをする**のです。

基本的には店頭販促リーダーが担当するべき項目ですが、どういった方向性にハンドリングするかは、リーダーだけで決めかねると思いますので、経営者や統括本部内で相談して決めるとよいでしょう。


では具体的には、どの様な情報を伝えるべきなのか？

最低限、これから述べる2つを必須項目とし、それ以外にも、売上データだったり、予算だったり、必要に応じて、会社なりのアレンジを加えてください。

【必須項目1　店頭ボードを出す目的】
まず、会社として、店頭ボードを出すことで、何を成し遂げたいのか？を伝えます。
・新規客の獲得か？
・お店の知名度アップか？
・ご無沙汰しているリピーター客の獲得か？

・特別キャンペーンの案内か？　…などなど。

一口に店頭ボードといっても、出す目的は様々のはず。

例えば、以前、弊社セミナーに参加されたリユースショップを運営するT社にとって、店頭ボードを出す目的は「お客様を集めたい」ではなく、「中古品の買取点数アップ」でした。買い物のために来店してもらうことも重要ですが、それ以前に、中古品を売ってもらわなければ、売り物がありませんので、高価買取を大きくアピールし、買取点数アップを狙う店頭ボードを出しているそうです。

T社の場合、本部の考えが全店に浸透していたため、各店共に、きちんと高価買取を訴えるボードが出されていたようですが、もし、本部の考えが全く伝わっていなかったら…？

会社の方針・意図とは全く違うボードが並んでいたこととなり、一大事です。

「自社は大丈夫」と自信を持って言えますか？

会社として、どんなことを店頭ボードでアピールしていくべきなのかは、しっかりと言語化してください。

余裕があるならば、売上データや地域性を勘案し、お店単位での集客の課題を見極めた上で店頭ボードを出す目的を指示できるとベストです。

【必須項目2　店頭ボードで伝える内容】

これについては、3通りの考え方があると考えてください。

①**完全指定**…目的を踏まえ、店頭販促リーダーが商材やトピックを指定するやり方。「この商品を売り込むボードを出しましょう」「このキャンペーンを紹介するボードを出しましょう」と、店頭ボードの商材やテーマを完全に指定して書かせる方法。

②**範囲指定**…「このジャンルの中から選んで、ボードを出しましょう」「こうした条件のボードを出しましょう」と、店頭ボードを出す目的に合致する候補をいくつか挙げて、その中から本人に選ばれて、書かせる方法。

③**自由裁量**…【必須項目1　店頭ボードを出す目的】を伝えるだけに留め、内容は一切指定しない方法。つまり、完全に現場任せにするのです。

どのやり方が良いかは、会社の方針や状況にもよります。いくつかケースを紹介しますので、参考にして下さい。

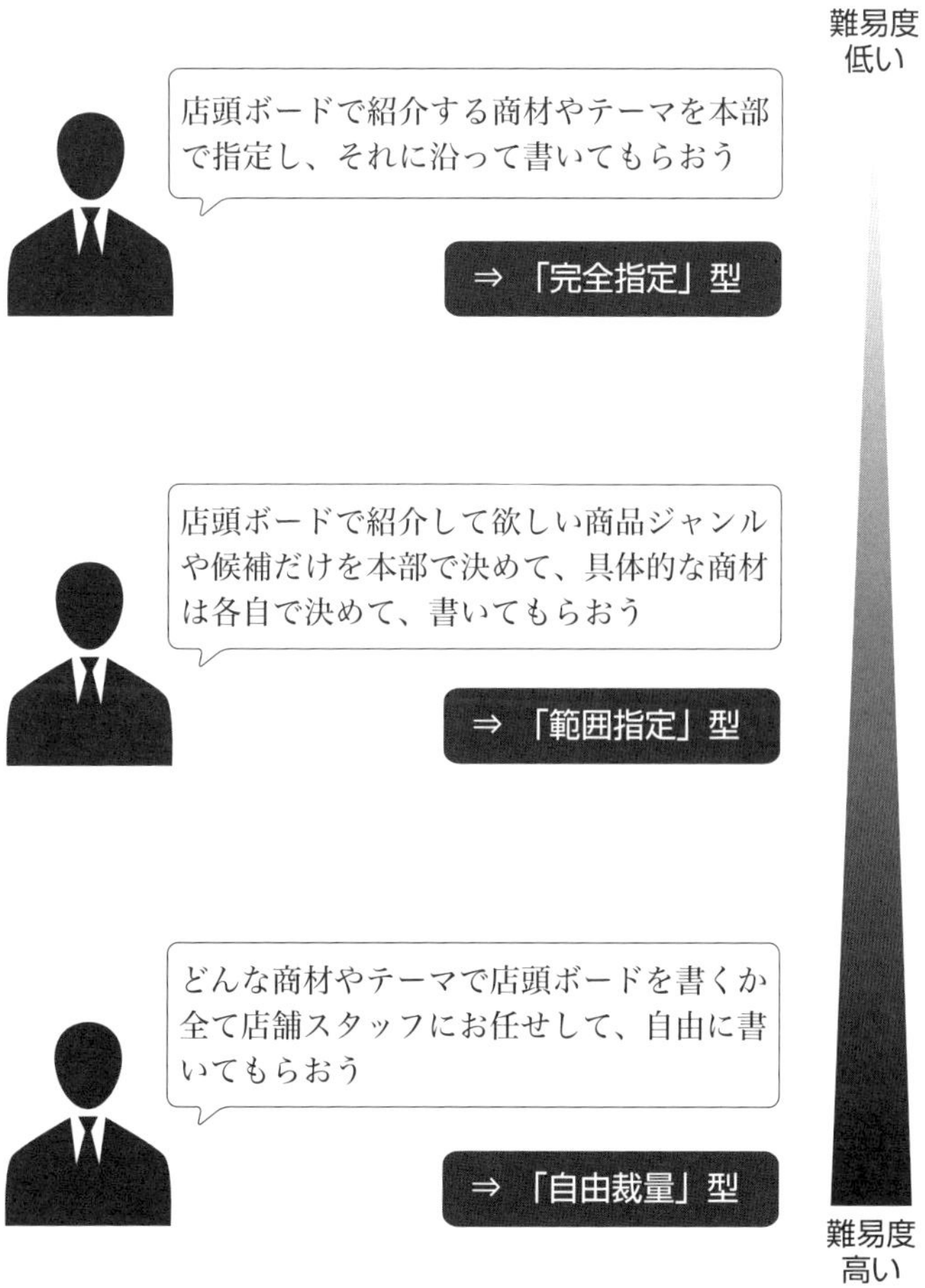
難易度
低い
店頭ボードで紹介する商材やテーマを本部で指定し、それに沿って書いてもらおう
⇒「完全指定」型
店頭ボードで紹介して欲しい商品ジャンルや候補だけを本部で決めて、具体的な商材は各自で決めて、書いてもらおう
⇒「範囲指定」型
どんな商材やテーマで店頭ボードを書くか全て店舗スタッフにお任せして、自由に書いてもらおう
⇒「自由裁量」型
難易度
高い

《ケース1》　担当者のレベルによって変える考え方。例えば、社歴が浅い社員がボード担当のお店は①完全指定し、ベテランが担当のお店は②範囲指定か③自由裁量にする。

《ケース2》　同じ会社が運営している同一ブランドのお店でも、地域・店舗によって好まれる商材は違うもの。それを熟知しているのは現場スタッフ達であるという強い確信があるならば、③自由裁量を採用。「店頭ボードを出す目的」だけを伝え、他は現場任せにする。

《ケース3》　ドミナント戦略で出店している場合、一人のお客様が同一ブランドの他店の前を通りかかる可能性が高く、全店が同じ商材でボードを出した方が印象と記憶を残せるので、①完全指定するという考え方。

《ケース4》　普段は③自由裁量で、現場にお任せ。テレビCMやチラシなどの他媒体を用いての大規模なキャンペーンを行っている時は、キャンペーンに追随させる形にしたが統一感が出て販促効果アップが期待できるので、①完全指定するという考え方。

…などなど、これらは一例です。会社によって最適なやり方は変わりますので、店頭販促リーダーが見極めて、決定すると良いでしょう。

以上、伝えるべき2つの必須項目を紹介しました。これ以外に、会社として店頭ボードを書くにあたって必要と思う情報があったならば、それらも合わせて共有すると良いでしょう。

最後に、情報の伝達手段について。

これは、メール・手紙・ＦＡＸ・口頭…など、会社にとって最もやりやすいツールを選択して構いません。ただし、いずれの手段を選んだとしても「読んでいなかった」といったことを防ぐためにも、確認報告をさせることがポイントです。

運用の仕組み②「店頭ボードを書きかえる頻度」

「どれくらいの周期でボードを書きかえたら効果的ですか？」という質問をよくお受けします。

これについては、業種・業態はもちろん、お店の方向性・単価・立地・ターゲットの客層・店頭ボードを出す目的・将来のビジョン・オープンしてから何年目なのか？など、実に様々な要因によって変わります。

そのため、中々、「店頭ボードは○○のペースで変えましょう！」とは書けないのですが、一つ断言できるのは、**頻度を現場任せにはしない**ということです。

店頭ボードを書くということは、ただ単に板に文字を書く作業ではありません。通行人が立ち止まりたくなる様な、来店意欲を持ってもらえる様なコピーを考えて、少しでも目立つ様に、読みやすい様に文字やイラストを工夫して書く必要があり、想像以上に神経を使います。超頭脳ワークと言っていいと思います。

余程、ボードを書くことが好きな人を除いては、積極的にやりたがらないというのが、様々な会社を見てきた中での印象です。そのため、放っておくと三ヶ月・半年以上、そのまま放置されているなんてことはザラです。

もちろん、あえて戦略的に「変わらないボード」を出し続けた方が良い場合もあります。例えば、高単価で、お客様の来店サイクルが長いお店は、「変わらないボード」が適してる場合が割と多いです。

しかし、戦略的に変えないのでなく、怠慢によってボードが変わらないという事態は避けたいところ。

そこで、リーダーが書きかえ頻度を定めるべきです。会社の年間販促計画や商品リリース予定、繁忙・閑散の時期も考慮し、年間スケジュールを組むと良いでしょう。

とはいえ、厳密に守らせる必要はありません。

例えば、現在出しているボードが大好評で、非常に多くのお客様を集客できていたとします。それなのに、書きかえのタイミングだからと、好評なボードをわざわざ消させるのは懸命ではありません。

また、店頭ボードは臨機応変に内容を書きかえられることが魅力であり、突発的な出来事に対して即時対応することができます。

例えば、８月の猛暑の中にあって、突如、冷え込む日もあります。そんな時には、書きかえ頻度のタイミングでなかったとしても、現場の機転で天候に即したボードに書きかえるべきです。

つまり、〝**臨機応変に対応するべきだが、会社としてはこれくらいの頻度でボードを書きかえて欲しい**〟という努力目標に留める形が望ましいでしょう。

運用の仕組み③「担当者の決定」

各店で店頭ボードを書く担当者を決めてもらい、店頭販促リーダーはそれを把握しておく様にしましょう。

〝店舗における店頭ボードの責任の所在〟をはっきりさせることで、本人に自覚が芽生え、今まで以上に店頭ボードに対して本気になるからです。

担当者については、一人が責任をもって書いていくのか？

それとも、何名かでローテーションを組んで書いていくのか？

迷うところかと思いますが、これも一長一短です。

一人に任せると、必然的に書く枚数も増えるので上達するというメリットがあります。

また、「こういう内容の時には、立ち止まってくれる人が多かった」「この内容の時は素通りが多かった」と、出来不出来を肌で感じ、次に活かせるという利点もあります。

一方で、一人で担当していると、その人が異動・退職した際に、ボードを書ける人材がいなくなってしまうというデメリットがあります。

実際に、「担当者が辞めてしまって困っている！」と、経営者自らが、慌てて、弊社の実務担当者向けセミナーに参加されたことも過去にありました。

その点、複数がローテーションで書くと、担当者の一人が異動・退職したとしても、店頭ボードを書ける人材は残りますので、「書けるスタッフがいないから、ボードが出せない！」なんて事態を防げます。

また、同じ店舗にボードを書ける人が複数いることで、アイディアを出し合ったり、気軽に相談し合ったりが出来て、心強いというメリットもあります。

一方、当然、一人当たりの書く枚数が減ります。

また、文字が消えかかってきて、書きかえた方が良いのでは？という事態になっても、「誰かが書き直してくれるだろう」と、他人任せにしてしまうリスクもあります。

尚、弊社としては、ある日突然、店頭ボードが出せなくなるという事態は、一番避けるべきと考えていますので、リスクヘッジを込めて、完全に一人に任せることは、あまり推奨していません。

ただ、前章で紹介した不動産仲介R社の様に、そもそも人員的にボード作成に一人しか据えられないというケースもあると思います。その場合は別のリスクヘッジを取っておく必要があります。それについては、次章でお伝えします。

運用の仕組み④「店頭ボードのチェック」

人は基本的には怠けやすい生き物です。研修会では一生懸命に店頭ボードを学び、宿題に取り組んだとしても、喉元過ぎれば…で、日常に戻ると、段々とモチベーションが下がっていくスタッフが必ず出てきます。

もちろん、常に高いモチベーションを保ち続けられる人もいますが、それはごく一握り。こう言っては身も蓋もないのですが、店頭ボードは無かったとしてもお店にとっての致命傷にはなりません。

例えば、トイレ掃除をしなければ、どんどんトイレは汚れていきますので、お客様からクレームが入るでしょう。例えば、仕入れをしなければ、陳列棚から商品がなくなっていきますので、お店が営業できません。

一方、店頭ボードは、例え、出さなかったとしても、クレームはつきません。集客数は減るかもしれませんが、営業は続けられます。だからこそ、ついつい、サボりやすくなってしまうのです。

しかし、本書にて何度も言っている通り、これからの店舗集客には手書きの店頭ボードは不可欠であり、現場スタッフには、常に店頭ボードに対して、モチベーションの高い状態でいてもらう必要があります。

そのためには、「いつも会社は、店頭ボードを気にしているよ」という姿勢のアピールが有効であり、「定期的なチェック」が最良の手段なのです。

もちろん、単に姿勢をアピールするためだけにやるのではありません。

前述の通り、知識や技術がある事と会社にとって適切なボードが書ける事は、必ずしもイコールではありません。

例え、しっかりと店頭ボードを出す目的を伝えていたとしても、誤った解釈から会社にとって適切ではないボードを書いてしまうスタッフもいるかもしれません。

また、経営者・本部から見て、集客力が弱いボードが店頭に並ぶ店も出てくるはず。

こうしたことを正すためにも、チェックをすることが大切なのです。

本来は、リーダーが実際に現場に赴き、店頭ボードのチェックができるとベストですが、ドミナント戦略で出店している場合などを除き、定期的に店舗に足を運ぶのは難しいでしょう。

そこで、ＩＴの出番です。

今や、ほとんどの携帯電話には、カメラとメールの機能が搭載されていますので、店頭ボードを書いたら撮影し、専用アドレス宛にメール送信してもらう仕組みを整えるのです。こうすることで、店頭ボードの内容や書きかえの頻度もチェックできます。

当然、画像を送らせて終わりでは、担当者のモチベーションは下がります。良い点は必ず褒める、会社として適さないもの・集客力に欠けると感じるボードについては改善指示を出すなど、何らかのアクションを返すことも重要です。

運用の仕組み⑤「相談アドバイス」

現場の担当者が、店頭ボードについて疑問に思ったこと・不安に思ったことを相談できる様な窓口を設けておきましょう。

私が見てきた会社では、何か疑問・不安を感じても、誰に質問していいのか分からない・

店長に聞いても明確な答えがもらえなかった…だから、疑問・不安をそのままにしてしまっている…というケースが少なくありませんでした。

疑問や不安を解消しないままでは、本人もモヤモヤしますし、誤ったテイストの店頭ボードが店頭に出続けてしまう危険性もあります。

領収書の相談なら経理、ネットワーク障害ならシステム担当、産休取得の相談なら人事といった具合に、会社規模によって兼任があったとしても「○○の相談ならば××へ」という認識が出来あがっているはず。

しかし、店頭ボードについては、困った際の相談先が非常にグレー、もしくは存在しない会社が多い様に思います。

店頭ボードを行う上で疑問・不安を感じたら、誰に、どの様に相談すればいいのか?を明確にし、全担当者に告知するのが「運用の仕組み」の５つ目です。

例えば、内容についてはリーダーに相談し、道具については△△さんに相談するといったダブル体制でも構いません。

いずれにせよ、困った時に誰に頼ればいいのかを明確にすることが重要です。

最大限の集客効果を得るための店頭ボードの書き方

文字の書き方だけで、ボードの集客力は大きく変わる

「運用の仕組み」の最後に、上級編的な内容として、〝店頭ボードの書き方〟についてお伝えします。

社員・スタッフが書いた店頭ボードの添削・指導、チェックを行うリーダーは、フォント一つ、色の選び方一つで、見た人に与える印象が変わり、時として、集客力の差となり得るということを理解しておく必要があります。そこで、店頭ボードを構成する各パーツが、どの様に集客に影響を及ぼすのかを解説したいと思います。

《文字の大きさ&太さ》

「太くて大きい文字」「太くて小さい文字」「細くて大きい文字」「細くて小さい文字」…。同じ文章を書いても文字サイズが変わると、印象や見え方はかなり変わります。

例えば、「太くて大きい文字」は活発な印象を、「細くて小さい文字」は上品な印象を与

えることが多いです。

どんな文字を書くかで、お客様に与えるお店の印象は変わるのです。

また、「全ての文字を、太く、大きい文字で書く」「全ての文字を、細く、小さく書く」「全体の三分の一を太く大きく書き、残り三分の二は細く大きい文字で書く」など、比率によってもその印象は変わります。

《文字数》

ボードに、どれくらいの文字を書くかによっても、印象は変わります。

・文字数を多めにして、ボードの筆記面に対して、ぎっしりと文字を書き込むのか？

・文字数は少なくして、余白多めに、ゆったりと書くのか？

詩集と新聞を思い浮かべてみて下さい。

詩集は一ページ当たりの文字数は驚くほど少なく、余白が大半です。一方で、新聞は隙間なく文字がぎっしりと印字されています。

双方の用紙サイズは違うものの、1ページ当たりの文字数の割合は大きく異なり、当然、読者の感じ方も変わります。

詩集の一ページからは、ゆったりと静かな空気感が流れ、新聞の一ページからは、刻一刻と変わるスピーディー感が伝わってきます。

ボードも同様です。文字数と文字の詰め具合によって、店内の雰囲気が漏れ伝わります。一つの筆記面に、どれくらいの文字数を入れるかによって、お店の空気感を伝えることができるというわけです。

《書体》

ボード専用マーカーを使い慣れてくると、様々な書体を書き分けられる様になります。全ての線を太く均一に書く「ゴシック体風」、横線は細く縦線は太く書く「明朝体風」、他には「丸文字風」、「筆文字風」…などが、ボードマーカーで書ける書体の代表例です。

パソコンで書類を作る際には、書体を使い分ける方が多いと思いますが、書体によって印象が変わるのはパソコン制作物だけではなく、店頭ボードも同じです。

書体の効果を理解しているお店は、ボードの内容や取り上げる商品によって書体を変えています。

《言葉遣い・言葉選び》

です・ます調で丁寧に書くか？ 友達口調（タメ口）でフランクに書くか？

はたまた、ですます調と友達口調をミックスし、丁寧さとフランクさを共存させるというテクニックもあります。

また、同じ内容を伝えるにしても、どんな表現をチョイスするかでも違いが出ます。

例えば、「安い」を伝える場合、「お求めやすい価格です」・「お得ですよ！」・「激安ッ！」とも表現できます。

この様に、同じ内容を伝えるにしても、かしこまった表現・親しみやすい表現・ギャグっぽい表現のどれを採用するかでボードの雰囲気はガラッと変わります。

《色の用い方》
色については、大きく三つの点を考慮する必要があります。
一つ目は、モノトーン（ブラックボードに対し白いマーカーのみ）にするか？ 複数のカラーマーカーを用いるか？という点。
よく「モノトーンでは目立たない！ 絶対に複数のカラーマーカーを使って書くべき」

という方もいますが、実は、一概にはそう言えません。

確かに、複数のカラーマーカーを使うと、容易にボードを派手にすることができます。

しかし、お店によっては、あえてカラーマーカーを使わず、モノトーンで落ち着いたボードにした方が良い場合も存在します。

それどころか、カラーマーカーで派手なボードにすると、お店のイメージと離れてしまい、逆効果となる場合もあります。

つまり、必ずしも、カラーマーカーをたくさん用いて、派手にすることが吉となるわけではなく、お店の雰囲気に合ったボードにすることが重要なのです。

また、実は、書き方さえ工夫すれば、モノトーンで落ち着いているのに、目立つボードは書けるものであり、そうした事例をいくつも知っています。


二つ目は、カラーマーカーを用いるとしたら、いくつの色数を用いるかという点。

一般的には、用いる色の数が増えれば増えるほど、ポップで元気なボードになりやすいものです。


三つ目は、何色を用いるかという点。

色を選ぶ際には、①ファサード全体で用いている色、②ボードの内容を考慮します。

①については、例えば、ファサード全体が赤ならば、赤は避けます。同化して文字が見えづらくなる可能性があるからです。

②については、例えば、〝冬におでんを紹介するボードを書くとしたら、寒色の青や水色は避けて、暖色で食欲をそそる赤や橙色を選ぶ〟といった具合です。

色選びについては、生まれ持った先天的センスが必要と思われがちで、苦手に感じる人が多いようですが、何も芸術家を目指すわけではありません。

店頭ボードを書くだけであれば、後天的センスを身につければ、十分、立派な店頭ボードが書けます。

後天的センスを身につけるためには、色彩心理を学ぶことが一番の近道です。

色にはそれぞれ持っている心理効果があり、それらを学ぶだけで、店頭ボードでの表現力がぐっと高められますし、店頭ボード以外の販促物を作る際にも非常に役立つはず。

専門的なことまで学ぶ必要はありません。

初心者向けに色彩心理についてまとめられた本がいくつかありますので、コレと思う本を課題図書として担当者に読ませると良いでしょう。

色を学ぶことは、店頭ボード以外にも役立つシーンが多いと思います。

《手書き文字比率》

これからの多店舗展開する会社は人間力を表現する要素として、手書きボードが必須であると伝えてきました。

しかし、中には、人の匂いを感じさせすぎない方が良い場合もあります。

例えば、高単価のショップなどがそれに当たります。2章でも少し触れましたが、高単価のお店は、〝憧れ〟を大切にする必要があります。

圧倒的な品質力に加え、「いつかは欲しい！」といった憧れも、ブランド力を形成するパーツです。そのため、手書きボードを出すことで、気軽すぎる・フレンドリーすぎる印象を持たれることは、あまり好ましくありません。

では、高単価のショップは、絶対に手書きボードは出すべきではないのか？というと、一概にそうはいえません。

手書きボードを書く際に、ボード全体から手書き比率を下げて、ポスターなどのデジタル制作の販促物と共存させることで、これを防ぐやり方もあります。

全体に対して、どれくらいの分量を手書きにするば良いかは、お店のブランド力や単価などで変わりますが、手書きが持つ「通行人の注目を集める力」とデジタル販促物の持つ「かっこよさ」を共存させることは可能なのです。

《ボードの数と配置方法》

・ファサードに、いくつのボードをどの様に配置すれば、最も集客に効果的か？
・ボードの数は、一つで良いか？　それとも二つ以上、置くべきか？
・複数のボードを置く場合、大きさやデザインを合わせるべきか？　変えるべきか？
・全てのボードを同じ場所にくっつけて置くべきか？　それとも、離して置くべきか？

これらは、ボードの書き方とはやや趣旨が異なりますが、弊社のファサードコンサルティングの一部として提供している内容であり、ファサード全体の印象及び集客力を大きく変える非常に大事な項目です。

７つのポイントから自社のあるべき店頭販促の姿を考える

いかがでしたでしょうか？

店頭ボードと一口に言っても、色々なやり方があり、与える印象を大きく変えられるということが、ご理解いただけたかと思います。

店頭ボードには担当者の人格が宿ります。何も指示をしなければ、文字の書き方・言葉の選び方・色の使い方などから、担当者のキャラクターが前面に出たボードとなります。

もしも、個人経営のお店で、店頭ボードを書くのが経営者本人という場合には、それでも構わないかもしれません。なぜならば、多くの場合は、経営者の思想・性格イコールお店の思想・性格だからです。

しかし、多店舗展開している中の一店舗では話が変わります。お店の思想・性格と担当者の思想・性格は、イコールでは無いからです。

例えば、高齢者向けのお店だけれども、店頭ボードを書くのは若い女性という場合。何も考えずにボードを書くと、若い女性らしさが出てしまし、ターゲットである高齢者には響かない可能性があります。

例えば、落ち着いた雰囲気がウリのお店だけれども、店頭ボードを書くのは非常に活発な性格であるという場合。明るく元気な性格が文字や言葉遣いに現れるため、お店のウリである静かな落ち着いた雰囲気を表現できない可能性もあります。

ボードで訴えている内容は良くても、書き方を誤ると、集客力を損ないかねません。

こうしたことを避けるためにも、店頭販促リーダーは、前述した一つ一つの項目を決め、自社の店頭ボードのテイストを指示できると良いでしょう。

テイストを決める際には、以下の7つのポイントを考慮すると良いでしょう。

①店舗コンセプト
②ターゲット客層
③利用シーン
④単価
⑤店舗の立地
⑥敷地の広さ
⑦全体の店舗数

それぞれを簡単に解説します。
①店舗コンセプト↓お店にはどういう価値があるのか？という強みやテーマです。
②ターゲット客層↓主に獲得したいと考えているお客様のイメージ像です。
③利用シーン↓どういうシチュエーションで利用することが適したお店なのか？ということです。

④単価→店頭ボード販促の場合、同業他店と比較するのはもちろん、全業種と比較して、お客様が払う金額が高いか？安いか？という視点も重要です。

⑤店舗の立地→駅前・住宅街・繁華街・ロードサイド・オフィス街・オシャレな街・観光地・下町…など、街のイメージや特徴についても含めます。

⑥敷地の広さ→店舗物件の大きさに加え、店舗前スペースや階段・通路など、お店が自由に店頭販促を展開できる敷地全体のことを指します。

⑦全体の店舗数→国内・都道府県内・市町村内にて、どれくらい展開しているのかということです。

お店の数だけ店頭販促は存在するので、安易に体系化して述べることはできませんが、一つ言えることは、世の中には、**自社・自店の立ち位置を考えずに、手書き店頭ボードを出しているお店が非常に多い**です。

例えば、オシャレなバルと大衆酒場店。共に、複数店舗を構える会社だとしても、コンセプトや単価などは異なるということは、周知の事実です。

片やデートや女子会で行きたいオシャレなバル。片や安価・気楽さがウリで、日常的に通いたい大衆酒場。

店舗コンセプトはもちろん、ターゲット客層や単価など、全てが、ほぼ真反対ともいえる二つのお店が、同じ様な店頭ボードで良いはずがありません。

店頭ボードを出す際には、「あのお店のボードが上手だから」という考えで出すのではなく、先に挙げた７つのポイントを考慮して、自分のお店なりのボードをの在り方を考える必要があります。

3つの仕組みの解説を終えて…

さて、4章・5章にて、「教育の仕組み」「道具の仕組み」「運用の仕組み」の3つについて、解説いたしました。

店頭ボード販促の戦略立案・指揮からスタッフフォローまで、店頭販促リーダーの業務は多岐に渡ります。

そして、お店が存在する限り、店頭ボードにも終わりはありません。

他の業務と兼任で行う店頭販促リーダーの負担は大きいでしょう。しかし、

お店の繁盛を願うなら…

お客様に喜んで入店してもらえるなら…

売上が上がることを考えるなら…

スタッフ達が気持よく業務に取り組めるなら…

得られるリターンは非常に大きく、それを考慮すれば小さな労力とも言えるでしょう。

とはいえ、労力であることに変わりはありません。

３つの仕組みの中で、特に労力が発生するのが「教育の仕組み」と「運用の仕組み」になるかと思います。

そこで「教育の仕組み」と「運用の仕組み」のいずれか、もしくは全てを弊社にアウトソーシングするのも一つの方法です。手前味噌で恐縮ですが、ぜひ、ご検討下さい。

さて、いよいよ次が最終章です。

６章では、複数店舗を展開する会社が、将来的な繁栄を続けていくために導入するべき店頭販促の未来戦略についてお伝えします。

第6章

店頭販促力を高め続けるための未来戦略

未来戦略Ⅰ　「店頭販促の社内データベース」

なぜ販売履歴は残すのに、店頭販促の履歴は残さないのか？

最終章では、今後、店頭ボード・店頭販促を用いて、更なる成長を続けていくための長期的な戦略を三つお伝えします。

まず一つ目が、「店頭販促の社内データベース」です。

人前で話したことがある方なら共感いただけると思うのですが、例え、目の前に何百人という大人数の受講者がいて、一人一人の表情が窺い知れなかったとしても、不思議と「この話題はあまり興味ないな」「この話題は気になるのだな」と、参加者の気持ちや熱量は伝わってきます。

私が様々な会社で店頭ボード販促の研修をしていて、総じて、参加者の興味・関心が高いと感じるテーマの一つが〝自社が運営する別店舗の店頭ボードの状況〟についてです。

「他の店舗では、どんな内容を書いているのか？・どんな配置でボードを置いているのか？」といった点は、皆、かなり興味津々という印象を受けます。

複数店舗を展開する会社で企業研修を行う場合、本社近くの会場に全国からスタッフを集めて一斉に行うケースと、地域毎の会場で行うケースの二パターンがあります。

後者の場合、別会場の参加者達は実習中にどんなボードを書いたのか？を参考としてスライドで見せることが多いのですが、どの会場でも、「他の人がどんなボードを書いているのか、ずっと、気になっていたんです！」と、食い入る様に見ています。

例えば、売上データは、全店に共有をしている会社が多いでしょう。もしくは、社内のデータベースにアクセスすれば、確認できるシステムがあるかもしれません。

一方で、店頭ボードは、どうでしょうか？

原則、他店の営業時間中は自分も勤務中であり、見に行くことは出来ません。

シフト制であれば、自分がお休みでも他店は営業しているので見に行くことは可能といえますが、休日は何かと予定があるでしょうし、そもそも、お休みなのに自社に関連するお店に行きたくないと考えるのが社員達の本音。

そう考えてみると、確かに、自社が運営する他店の店頭ボードを見ることは、なかなか、難しいものです。

しかし、他の人は一体、どういう店頭ボードを書いているのか？他の人の書いたボードと比較して、自分の書く店頭ボードはどれくらいのレベルなのか？　など、周りの店頭ボードが気になるというのも分かります。

もし、同一店舗で複数スタッフが店頭ボードを担当している場合は、気軽に相談したり、他の人が書いたボードを容易に見たりできます。

しかし、店舗で店頭ボードを書く担当者が一人だけの場合は非常に孤独です。もちろん、店長や同僚に相談すれば話は聞いてもらえるでしょうが、担当者の気持ち・悩みは担当者にしか分かりません。

以前、弊社で携わったある会社では、別店舗に勤める社員達が有志でメールグループを作り、自身が店舗で書いた店頭ボードの画像を送り合っていると聞いたことがあります。

これは、一人で店頭ボードに向き合う孤独を解消するためでしょう。店頭ボードには正解がありません。それだけに、皆、多かれ少なかれ、不安を抱えているのです。

こうした事情も鑑み、私は、常々、「店頭販促の社内データベース」の構築を提案しています。これは、簡単に言うと、**各スタッフが書いた店頭ボードなどの画像をストックしていくインターネット上の倉庫**です。

販売履歴や売上データはきちんと保存しておくのに、店頭ボードをはじめとした店頭販促は画像を保存するどころか、撮影すらしたことがないという会社も、少なくないはず。

しかし、複数の人間が、同じ商材を全く別の角度から書いた店頭ボードを見て、参考にできるのは、多店舗を展開する会社ならではの大きなメリット。

また、人は一つの成功モデルに左右されやすく、どうしてもワンパターンの店頭ボードになってしまいがちですが、もし、データーベースの存在があれば、違う視点に気付くことができます。「こういう表現もあるのだ」「こういうアプローチがあるのだ」と学び、感じることも多いはず。

実際、企業研修でも、普段は離れている他店スタッフと机を並べ、お互いの店頭ボードを見せあうことで気づきを得られた、というスタッフは少なくありません。

データベースは、現役担当者だけのものではありません。

５章にて、店頭ボードを書く人材が急にいなくなり、ボードを出せなくなるという状況に備えるべきと述べましたが、データベースはそのためのリスクヘッジでもあります。

今、店舗で働き、店頭ボードを担当してくれているスタッフが異動・退職したら、新しいスタッフが店頭ボードの担当者になるはず。その際、先輩達が書いてきた店頭ボードの画像が財産となり、後輩達の役に立つことは間違いありません。

「店頭販促の社内データーベース」の簡単な作り方

データーベースといっても、莫大な予算を投入し、難しいシステムを導入するする必要はありません。後々は検討してもいいと思いますが、まずは、手頃な予算でオンラインストレージを提供している会社はいくつもありますので、それらを利用し、始めてみることをお薦めします。

手順としては大きく以下です。

【STEP1】最適なオンラインストレージと契約し、店頭ボード画像の倉庫を作る

倉庫の中は会社にとって最適なフォルダ形式で管理すると良いでしょう。フォルダの分け方には、いくつかのパターンがあります。

●店舗別フォルダ… A支店フォルダ・B支店フォルダ・C支店フォルダといった具合に、店舗毎のフォルダを作る

●地域別フォルダ… 青森・山形など〝都道府県別〟、渋谷区・港区など〝自治体別〟など、店舗所在地をグルーピングしてフォルダを作る

●商品別フォルダ… アルコールに関するフォルダ、サラダに関するフォルダ、

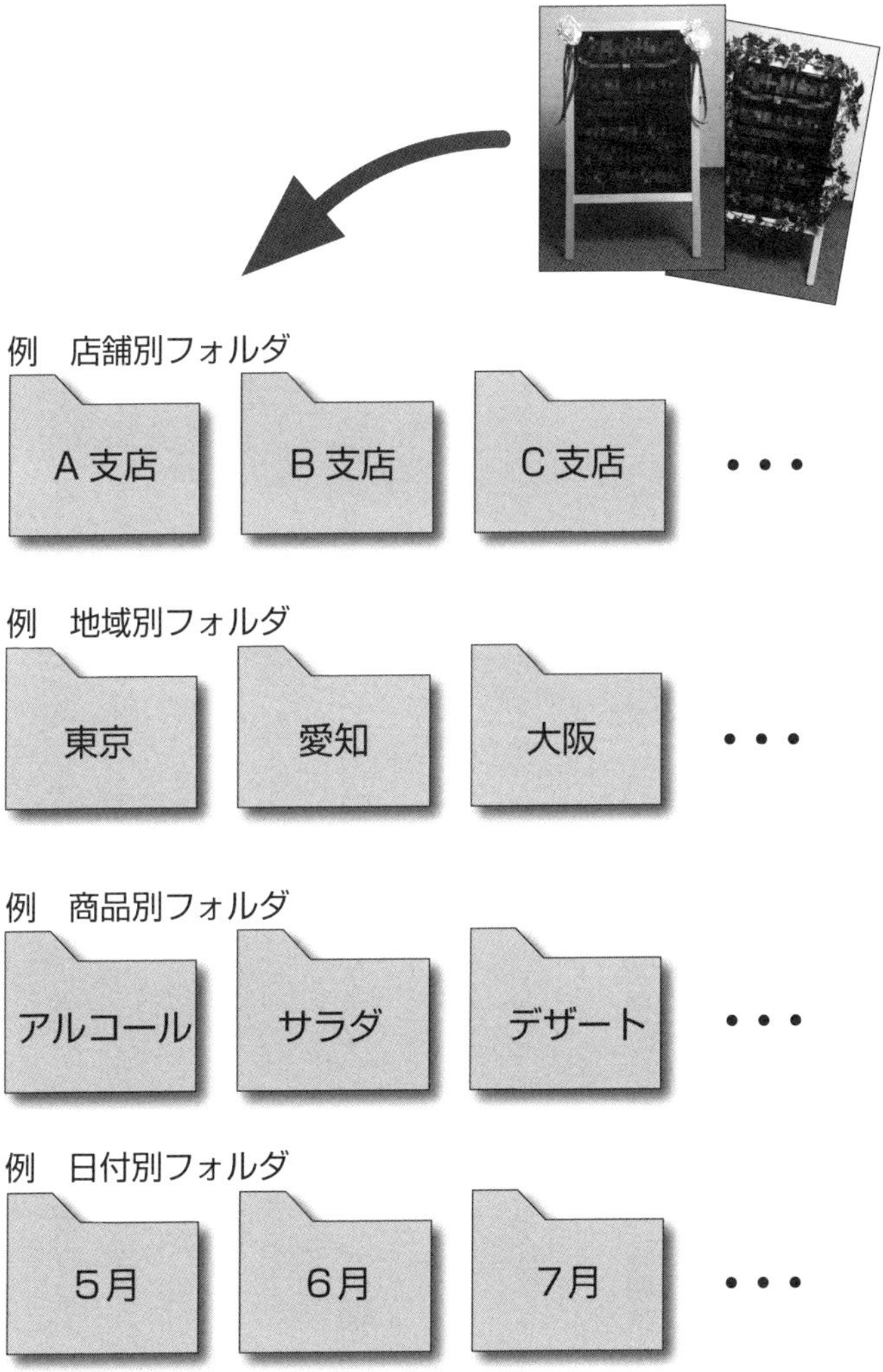
例　店舗別フォルダ
A 支店
B 支店
C 支店
・・・
例　地域別フォルダ
東京
愛知
大阪
・・・
例　商品別フォルダ
アルコール
サラダ
デザート
・・・
例　日付別フォルダ
5月
6月
7月
・・・

デザートに関するフォルダなど、商品別にフォルダを作る
●日付別フォルダ…週単位・月単位・季節単位など、書いた日付でフォルダを作る
ここで挙げたフォルダは一例であり、会社にとって最適なフォルダ管理で構いません。

【STEP2】全店の店頭ボード担当者にストレージの存在を告知

【STEP3】スタッフは店頭ボードを書いたら撮影し、オンラインストレージの該当フォルダにアップロードする
（既に運用の仕組みを実施し、担当者からリーダー宛に画像を送る仕組みが出来上がっていた場合（244〜245ページ参照）には、リーダーが代行でアップするのでもOK）

以上、たった3ステップで、担当者達は、いつでも自由に他店スタッフが書いた店頭ボードを閲覧でき、店頭ボードのアイディアに困った時・悩んだ時に、ヒントやアイディアを得ることができるというわけです。
ただし、注意点もあります。それは、**データベースを放置しない**ということ。
ある程度、写真が集まってきたら、定期的に、リーダーは選別作業をする必要があります。

なぜならば、担当者達が無作為にアップロードした店頭ボード画像の中には、あまり上手とは言えないものもあるはず。そのまま真似されてしまっては、良くない例が連鎖してしまいます。

そうした事態を避けるために、リーダーから見て、上手とは言えないボードについては、閲覧できない様にしてしまう、もしくは、上手なボードは良い例として、上手とは言えないボードは悪い例として、閲覧者が一目で分かる様に分類をしておきましょう。

分類をする場合には、「この店頭ボードは、どこが良いのか？」「この店頭ボードはどこが良くないのか？」というコメントをフォルダ内に加えられるとベスト。

（「運用の仕組み」で、〝集客できなそうなボードには改善アドバイスをする様に〟と書きましたが、その内容をそのままテキスト保存してフォルダに残すのでもＯＫ）

いずれにせよ、コメントを追加することで、更に、役立つデータベースとなります。

データベースについては、将来的には、スタッフ同士が質問・相談などのコミュニケーションをとれる掲示板機能を付けたり、「運用の仕組み」で述べたリーダーと各店担当者との一連のやり取りがデータベース内で完結できる様なプログラムを組んだり、続けていくうちに必要性を感じた時には、コストをかけて、自社独自のシステム構築をすると良いと思いますが、まずは、安価で手軽な方法で構いません。
まずは、実験的に取り組んでみる価値があることと言えます。

未来戦略Ⅱ「表彰コンテスト」

成長促進のためにランキングは不可欠

昨今の教育現場では、順位をつけない傾向にあると聞いたことがあります。

私が子供の頃は、あらゆる順位が明らかにされていたものです。例えば、運動会の徒競走。走り終わったら、番号が印刷された旗の前に整列させられましたので、当然、順位は一目瞭然。勉強面でも、母校ではテストの結果を、学年順・クラス順、そして男女別の順まで発表していました。

順位をつけることは是か非かは、様々な意見があるとは思いますが、私個人の意見としては良いことだと考えています。

順位を知ることは、己を知ること。集団の中での自分の立ち位置を知ることで、自分が行うべき努力の方向性と量が明確になります。また、順位が良くて嬉しい気持ちも、悪くて悔しい気持ちも、成長に不可欠な感情だと思うからです。

そして、それは学校教育に限った話ではなく、店頭ボードについても同様で、順位をつけて立ち位置を知ってもらうことは、成長に繋がると考えています。

順位をつけると社内の雰囲気が悪くなるのでは？と、不安を感じる方もいるかもしれませんが、あらゆる業務に対して人事査定がある様に、店頭ボードについても、何かしらの評価を行うべきだと言えます。

また、店頭ボードは趣味の世界ではなく、仕事の一つとして書いてもらっているはず。評価を受けることで、担当者達も「これは仕事なのだ」と強く認識してくれるはず。

ただし、店頭ボードの場合、1位～最下位まで順番を出すことは逆効果となり得ます。

それは社内の雰囲気云々というよりも、社員達のモチベーションの問題です。

前述の通り、店頭ボードを出さなかったとしたら、集客力は落ちるものの、お店は問題なく営業ができます。サボろうと思えばいくらでサボれてしまうのが店頭ボードなのです。

常に魅力的な店頭ボードを出し続けるためには、「店頭ボードを頑張って書いて、お客様を呼び込もう！」という、担当者のやる気が非常に大きな鍵となるのです。

しかし、下位にランキングされてしまうと、「どうせ私は下手な店頭ボードしか書けないから…」とやる気をなくしてしまう可能性も…。

意欲を失った状態では、益々、お客様を呼び込める様な店頭ボードは書けません。

そこで、お勧めしたいのが、上位者を発表する「**表彰コンテスト**」の開催です。

効果を生む「表彰コンテスト」のやり方

●開催のタイミングについて

半期に一度、もしくは年に一度、三年に一度など、会社にとって最適な期間を区切り、全店の中から優れた店頭ボードを選び、表彰すると良いでしょう。

●店頭ボードの募集方法

評価対象となる店頭ボードの集め方は、開催周期によって変わります。

（１）日常の中で、本人が「これぞ！」と思うボードを撮影・保存し、出展してもらう

（２）運用の仕組みが出来上がっている会社であれば、各店舗から送られてくる日々の店頭ボード写真達の中からリーダーが選ぶ

（３）コンテスト用にボードを書いてもらう

半期に一度、年に一度程度の開催であれば、（１）もしくは（２）が良いでしょう。

日常に近い店頭ボードを評価したいので、本来は避けたいところではありますが、もし三年に一度以上の長期スパンでの開催になる場合は、（３）とならざるを得ないでしょう。

●表彰する人数について

前述の通り、上位のボードのみ表彰します。トップ3・トップ5・トップ10・トップ20など、会社規模に合わせて数を決めましょう。

●担当者と審査員長について

表彰コンテストの実務全般は、店頭販促リーダーに仕切って欲しいのですが、審査員長については、経営者やそれに準じる役職の方にお願いできるとベストです。

経営者クラスが審査員長を務めることで、会社としての店頭ボードへのやる気を伝えられますし、何より、現場の一社員が経営者から認められる経験は、中々、起こりえない出来事のはず。それだけに、非常に晴れがましい気持ちになり、更に店頭ボードへの意欲を募らせることは間違いありません。

●発表方法について

私の知っている限り、忘年会と同時開催したり、定期研修と同時に開催したりと、別のイベントの際に一緒に表彰式をやるケースが多いです。

もちろん、特に表彰式を開かず、社内報などで報告するのでも十分です。

●殿堂入り制度について

同じメンバーで順位付けを続けていくと、必ず直面するのがメンバーが〝いつも同じ顔ぶれになる〟ということ。

そうなると新鮮味が無くなる上、「頑張っても、どうせ入賞できない…」と、やる気を損なわせてしまう可能性もあります。

表彰コンテストの最も大きな目的は成長の促進ですので、これは避けたいところ。

かといって、毎年、入賞者の顔ぶれが変わる様にランキング操作することは、一生懸命に店頭ボードに取り組んでいるスタッフ達に失礼ですので、絶対にいけません。

そこで、導入したいのが、殿堂入り制度です。

芸能界で行われているベストジーニストやネイルクイーンでも導入されているので、聞いたことがある方が多いと思います。

ある一定の回数、入賞した社員は「店頭ボード名人」「店頭ボード達人」「店頭ボードマイスター」の様な称号を与えます。

そして、殿堂入りメンバーが書いた優れたボードは写真を紹介するに留め、選考からは外すのです。

こうすることで、ランキングが活性化され、「私にもチャンスがある！」と思ってもらえます。殿堂入り制度については、表彰コンテストを続けながら、様子を見て導入を検討するといいと思います。

以上が表彰コンテストの簡単なやり方です。これらは、あくまでモデルケースなので、ぜひ、会社にとって最適なやり方を考案してみてください。

表彰コンテストの副産物

表彰コンテストは、単に担当者の成長促進のために効果的というだけでなく、それ以外にもメリットがあります。

一つは、優秀なボードを選び表彰することで、**会社としての店頭ボードのあるべき姿を社内に周知すること**が出来ます。

店頭ボードには不正解は存在しません。書き手が「お客様を集めたい」と書いたボードが、例え集客できなかったとしても、そのボードが不正解ということにはなりません。

しかし、会社としての正解・不正解は存在するはず。

もし、一般的に見て上手なボードだったとしても、会社の方針に沿わないものや、お店のカラーに合わないものは不正解と言えるかと思います。

会社としての正解・不正解の境界線は、いくら口頭や文章で伝えても、中々、理解してもらえない場合があります。

しかし、表彰コンテストを実施し、会社が優秀と認めるボードをいくつか発表することで、社員達は会社が考える正解の店頭ボードを視覚的に理解することが出来ます。

そして、出来るだけ、正解に近づける店頭ボードを書こうと考えるはず。結果として、全社的に店頭ボードを正解の方向へと向かせることが出来るのです。

もう一つのメリットは、**人材発掘**です。

仕事へのやる気の有無は、店頭ボードから汲み取れるというのが私の考えです。

弊社で店頭ボードに関する企業研修を行う際には、依頼企業の要望を受けて、短期・中期・長期の３つのパターンで行うと、「教育の仕組み」にてお伝えしました。

中期・長期の研修の場合、毎回の実習で店頭ボードを書いてもらいますし、宿題を提出してもらうので、必然的に参加者の店頭ボードのレベル推移を見ることが出来ます。

そうすると、大抵、３つのパターンに参加者を分類することが出来ます。

①やる気があって、店頭ボードもどんどん上達している人
②やる気があるけれど、なかなか上達しない人
③やる気を感じられない人

①やる気があって、店頭ボードが得意な人は、こちらが驚くスピードで上達していきます。乾いた砂が水を吸うかの如く、講義内容やアドバイスを確実に自分のものとして、書くたびにレベルを上げていきます。

②やる気はあるけれど、なかなか上達しない人もいます。文字を書いたり、コピーを考えたりするのが苦手で苦戦するものの、アドバイスをきちんと反映し、少しずつ少しずつ、確実に成長していきます。

そして、残念ながら、ごくたまにですが、③やる気を感じられない人も存在します。本人がいくら取り繕うとも、目の表情や、ふとした時に出る受講態度から一目瞭然です。そして、それは店頭ボードにも表れます。

楽をしようと思って手抜きで書いている… 研修回数を何度も重ね、アドバイスをしても1ミリも上達しない… 例を挙げればキリがありませんが、どういうスタンスで取り組んでいるのかはすぐに分かります。

例え店頭ボードが好きではなかったとしても、仕事の一環として行っていることに対して、真剣に取り組まないというのは、問題かと思います。

そして、これはかなり私見になるのですが、①の人は他の仕事に対しても意欲であり、③の人は他の仕事に対してもチベーションが低いであろうと考えています。

ある会社の研修で、ずば抜けて、やる気があり、店頭ボードもどんどん上達している、まさに①の様な人がいました。

監督役の社員の方に「あの社員さんは、意欲的だし、ムードメーカーだし、すごいですね」とお伝えしたら、「確かに、あの社員が接客すると、ものすごい売れるんですよ」「同僚からも慕われているし、上司からの評価もすごく高いんです」と教えてくれました。

一方で、③に該当する人は、他の参加者が和気あいあいと取り組んでいる中で、輪に入れておらず、一人だけ浮き上がっている様な印象を受けました。

もちろん、普段の仕事ぶりを見たわけではないので断言はできませんが、態度を見ても、周囲との関り方を見ても、総じて、あまり仕事へのモチベーションが高くないのであろうという印象を受けました。

経営者や統括本部の方は、普段は現場のスタッフと密に接することは難しいと思います。

しかし、表彰コンテストを続けていくことで、各担当者の店頭ボードの推移が見ることができ、本人のモチベーションや仕事に対するスタンスを、ほんの少し、垣間見ることが出来ます。

そうした情報は、将来的な人材発掘や評価材料として、きっと役立つはずです。

未来戦略Ⅲ　「店頭販促ステージマネジメント」

会社の進化と共に、店頭販促を進化させよう

二つの戦略は、主に店頭ボードに関するものでしたが、最後は、店頭販促全般に関する長期的な戦略になります。

店頭販促は一度、設置したらそれで終わり…ではありません。

店頭販促の中でも、店頭ボードやPOPといった手作りの店頭販促物は、劣化・破損しやすいので定期的に作り変えているお店がほとんどだと思いますが、それ以外は、開店時に設置したまま、一回も変更していないなんてお店も少なくないと思います。

しかし、時を経て、会社が進化したならば、店頭販促物も進化させていく必要があります。

例えば、設立5年目で市内に5店舗を構えるA社と、設立50年で県内に500店舗を構えるB社。

A社とB社は、複数店舗を構える会社という意味では同じです。しかし、規模・店舗数・知名度・売上…など、会社の立っているステージは全く異なるということは明白です。

そして、ステージが異なるということは、最適な店頭販促も異なります。

もしA社が「大手で有名なB社の様な店頭販促にしよう」と真似をしたら、まず十分な集客効果は得られないでしょう。

なぜなら、前述のとおり、A社とB社はステージが全く異なるからです。設立5年目で5店舗を構えるA社には、A社にとって最適な店頭販促の形があります。

もちろん、B社にも、B社がやるべき最適な店頭販促の形があります。

B社が、いつまで経ってもA社と同程度の規模だった頃の店頭販促であり続けたらどうなるのか？

その場合、集客自体はできるはず。しかし、会社として、もう一段上のステージに行くための成長機会を自ら逸する可能性が出てきます。

どちらの店頭販促が優れているのか？劣っているのか？といった優劣の問題ではありません。それぞれにとって、最大限の効果を得るための店頭販促の形が存在するということです。

- ●自社の立っているステージに最適な店頭販促を行うこと
- ●ステージが変わったならば、店頭販促も変えていくことこの様に、会社がステージに合わせて店頭販促を構築する考え方を、私は「**店頭販促ステージマネジメント**」として体系化しました。

「店頭販促ステージマネジメント」は、業種業態問わず、複数店舗を展開する会社が長期的に集客し続けていくために、知っておくべき重要な戦略だと考えます。

本書では概略になりますが、「店頭販促ステージマネジメント」について解説したいと思います。

店頭販促のステージは、大きく次の３つに分類されます。

ステージ①　自己紹介期
ステージ②　店名周知期
ステージ③　価値向上期

ステージ①　自己紹介期とは？

店舗数が少なかったり、営業年数が浅かったり、業界的にも一般的にも、まだまだ知名度が低い状態がステージ①に当たります。会社や店舗・ブランドの黎明期《れいめいき》をイメージして頂くといいでしょう。

「店頭販促ステージマネジメント」とは？

・自社の立っているステージに最適な店頭販促を行うこと

・ステージが変わったならば、店頭販促も変えていくこと

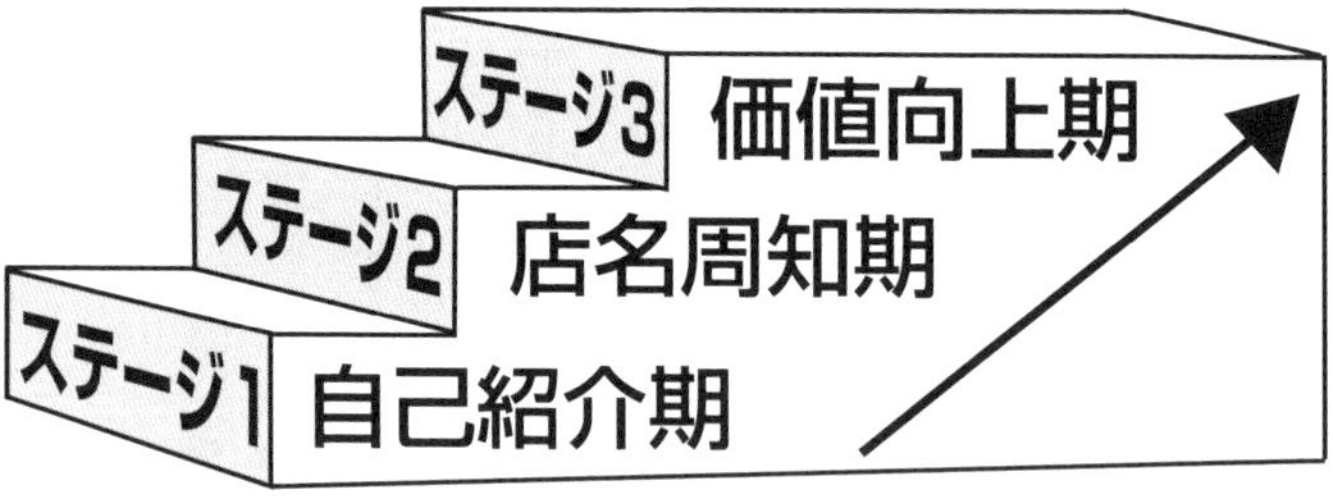

ステージ①の店頭販促のポイントは〝自己紹介〟です。

例えば、私が〝中村心商店〟というお店を運営していたとします。５年前にオープンさせ、店舗数は県内に３店舗。現時点では、ステージ①と言えます。

さて、ステージ①の私が、「ファサードでは、やはり店名をアピールしなくちゃ！」と、〝中村心商店〟という店名を大きく伝える店頭販促ばかりを設置したとします。

〝中村心商店〟の知名度が高い状態であれば、これでも人々は近寄ってきてくれます。

しかし、ステージ①は前述のとおり、黎明期であり、知名度が低い状態。そのため、店名を大きく伝える店頭販促ばかりでは、道行く人々の大半は通り過ぎてしまうでしょう。

なぜなら、知名度が低い状態で名前だけを名乗られても、一体、何屋なのかさえ、理解してもらえないからです。そして、理解してもらえないということは集客できないということです。

そこで、ステージ①では、「業態」と「魅力」などをアピールして、自己紹介をする必要があります。「何を売っているお店なのか？」ということ、そして、「他店と比較すると、どんな魅力的な特長を持っているのか？」ということを理解してもらい、興味を持ってもらい、足を運んでもらう様に努めることが好ましいのです。

ステージ②　店名周知期とは？

店舗数が二桁を超えている、マスコミからの取材経験があったり、同業から視察が訪れたり、業界人からの注目度がある、その分野に詳しい愛好家からの知名度がある…この様な状態がステージ②に当たります。

ステージ②の店頭販促のポイントは、〝店名の周知〟です。

前述の〝中村心商店〟で言うならば、ずばり〝中村心商店〟を大きく看板やパネルでアピールし、店名を売り込み、集客していくスタイルに転換していきます。

店舗数が一定水準を超えてくると、お客様が同一ブランドの別店舗を見かける確率も増します。その際に、「あのお店は、あの街にもあったな」「別の街にある支店を利用したことがあるな」と認識してもらえます。

もし、同一ブランドの別店舗で、お客様が嫌な思いをしていると、「あのブランドのお店には、絶対来店したくない！」と拒否されてしまうこともありますが、それは別問題なので横に置いておいて…。

わざわざ一から業態や特長を説明することなく、集客できる可能性が増すわけで、それを見過ごしてはいけません。

また、街で見かける以外に、ステージ②では、マスコミに掲載された媒体を観た人、愛好家のＳＮＳ投稿を見た人、友人からの口コミを聞いた人…など、〝第三者からの情報〟を見て興味を持つ人も予想されます。

そうした〝第三者からの情報〟と〝リアル店舗〟を瞬時にリンクさせるためにも、きちんと店名をアピールしていくことが有効なのです。

ステージ③　価値向上期とは？

業界でも有数の規模を誇り、一般知名度もかなり高い会社・お店がステージ③に該当します。業界人やその分野の愛好家でなくとも、店名を聞けば、訪れたことがないにしても「あぁ、あのお店だね」と思い浮かぶ…といったイメージです。

必然的に、会社規模は相当大きくなりますので、会社の方針もそれぞれであり、同じステージ③とはいえ、店頭販促の作り方は非常に多様性に富みます。

そのため、書籍で体系化してお伝えするのが、非常に難しいのですが…本書では王道の方法論を二つのキーワードで紹介したいと思います。

《ケース1　ミニマル》

ミニマルとは、最小限という意味。つまり、デザインも情報量もそぎ落とし、可能な限り、シンプルにするのがステージ③における店頭販促の考え方の一つです。

ミニマルについて、店頭販促の基本である〝看板〟で具体例を挙げると…

・某コーヒーチェーンが掲げる緑と白で描かれた女性のマークの看板
・某コンビニが掲げる赤・緑・オレンジの3色で数字をデザインした看板
・某ファストフードが掲げる黄色いアルファベットの看板

いずれも、店舗によっては、違う看板デザインもありますが、基本的には、先に挙げたロゴマーク・ブランドマークだけを模した看板を掲げています。

マークの他に、業種業態や魅力を説明する文言はおろか、店名の表記もなく、究極のミニマルな看板とも言えます。

ミニマルにする理由は会社によって様々でしょうが、ステージ③に位置する会社となると、「今日は、あのお店に行くために出かけよう」と、目的来店してくれる人も多数いると予想されますので、情報を詰めた看板よりもシンプルなロゴ・ブランドマークを大きく模した看板にした方が、遠くからでも発見してもらいやすいというのが一因でしょう。

また、そもそも、ステージ③にもなると、どういう業態か？どんな商品が手に入るのか？価格帯はどれくらいか？といったことを、多くの人が理解しています。

今更、「コンビニとは、24時間営業で、食料品から日用品まで生活に必要な多様な商品が、安価で手に入るお店です」なんて説明は不要です。

すでにお店のことをよく理解してもらえているので、それらをいちいちアピールする必要もないのです。

ミニマルな店頭販促は、総じてカッコイイです。そのため、憧れる会社が多いのですが、抜群の認知度があるステージ③の会社だから、お客様は、ロゴマークやブランドマークだけでも理解し、訪れてくれます。ステージ①②の会社が行ったら、まず認知してもらえず、集客できない可能性が高くなりますので、安易に導入することはお勧めできません。

《ケース２　エキゾチック》

エキゾチックとは異国風という意味。つまり、海外にあるショップのファサードの様な雰囲気を演出すること。これも、ステージ③における店頭販促の考え方の一つです。

一例を挙げるとしたら、日本語を排除し、外国語表記した店名のみを用いた看板を掲げること。

〝中村心商店〟の様に、元は日本語の店名だったとしても、「KOKORO　NAKAMURA」といった具合に表記を変えて、看板に用いるのです。

日本人には、当然、日本語で表記してくれた方が分かりやすいです。それを重々承知した上で、あえて戦略的に分かりづらくするのです。

この理由についても、会社によって様々だと思いますが、一つの理由として〝オシャレな雰囲気の創造〟が挙げられます。

昔に比べて、かなり海外旅行が身近になりましたが、それでも、外国に対して憧れを持つ人は多いものです。ラッピング用にわざわざ英字新聞を購入したり、インテリアで飾るために読めない洋書を飾ったりするのは、「外国語で書かれたもの」＝「オシャレ」というイメージを持っている人が多いからに他なりません。

では、ファサードでオシャレな雰囲気を醸し出すメリットとは何か？

〝オシャレな雰囲気のお店〟と〝オシャレじゃないお店〟が、もし隣同士で、同じ商品を同じ価格で売っていたとしたら、多くの消費者はオシャレな雰囲気のお店で買いたいと感じるでしょう。オシャレな雰囲気のお店で買い物をした方が気分が良い上、自尊心も満たされます。

それればかりか、オシャレとはお金になりやすいともいえます。例え、取扱商品は変わらなかったとしても、オシャレという付加価値がつくことで、高く売ることも可能です。

しかも、決してお客様に嫌な思いをさせず、「このお店ならば、高くても仕方ないよね」と納得し、むしろ、喜んで買ってもらえることさえあります。会社にとって、こんなに嬉しいことはありません。

こう聞くと、「じゃぁ最初から、外国語を多用した店頭販促にすれば良いのでは？」と感じる方もいるはず。しかし、一部の例外を除いて、ステージ③の地位に立てていない会社が、ステージ③の店頭販促だけを真似しても、単に〝分かりづらいファサード〟になるだけです。前ページの《ケース1　ミニマル》同様、大抵は失敗しますので、安易にお勧めはできません。

置かれているステージを冷静に見極める

以上、かなり簡易的に「店頭販促ステージマネジメント」について解説したのですが、実はもっと複雑です。

例えば、ステージ分類について。

もし、同じブランドの店舗だとしても、出店地域によってステージは変わります。例えば、九州地方で100店舗を構えるG社。101店舗目は九州を飛び出し、初めて東京に出店することにしました。九州では多数の店舗を構えて知名度がありますが、東京では完全なる新参者。九州では、ステージ②、もしくはステージ③の店頭販促が最適だったとしても、東京ではステージ①の店頭販促を検討するべきです。

また、出店スタイルによってもステージは変わります。

ステージ②は二桁以上の店舗数が目安と書きました。

しかし、ドミナント出店で集中出店している場合は、その地域では高い知名度を獲得出来ている場合もあります。それに加え、観光客など外部から訪れる人は完全に顧客対象外で、地元住民のみが顧客対象なのであれば、店舗数は片手程度だったとしても、ステージ②、場合によってはステージ③の店頭販促が最適となる可能性があります。

会社として、獲得したい顧客対象の方針によってもステージは変わります。

もし、愛好家だけを重点的に獲得していきたいのであれば、店舗数など問わず、ある時点からはステージ②、もしくは③に切り替えて良い場合もあります。

逆に、とにかく沢山のお客様を幅広く獲得していきたいのであれば、こちらも店舗数を問わず、ステージ①であり続ける必要がある場合もあります。

そもそも、各ステージは明確に分けられるわけではありません。

本書では便宜上、３つのステージに分けましたが、実際は、ステージ①に近いステージ②、ステージ②に近いステージ③などといった具合に、更に細分化されます。

そして、ステージ①に近いステージ②の場合は、店名の周知をメインで行いつつ、業態・魅力のアピールをサブで実施したり、ステージ②に近いステージ③の場合は、店頭販促の量を少なくして「多くを語らないファサード」としつつ、細部では店名もしっかりとアピール実施したり…。

これらは一例ですが、細かなステージに合わせた店頭販促戦略を構築します。

この様に各ステージ分類は、業種業態はもちろん、各店舗の分布状況や経営方針などの複数要因によって変わります。また、各ステージ毎の店頭販促のポイントも簡易的に記しますが、これも実際には様々な要因によって異なります。

そのため、最終的には、実際にコンサルティングにて判断せざるを得ないのですが、一つ言いたいのは、**ステージを見誤ると全く集客できないファサードになるばかりか、会社として一段上に飛躍するチャンスを自ら潰す**ことにも繋がりかねないということ。

そうならないためにはどうするべきか。

多くの会社では、定期的に会社の経営戦略を策定することと思います。

その際、各店の店頭販促はステージに合っているのか？ということも新たな議題として追加することをお薦めします。

定期的にチェックすることで、会社が立っているステージから大きく乖離する店頭販促となることを防ぎ、永続的な集客や成長が見込める様になるはずです。

おわりに

3章でお伝えした、店舗による集客のばらつきに悩んでいた洋菓子店のH社の社長は、「たかが手書きボード1枚で、集客に差がついたのか？」と疑問を抱きつつも、弊社セミナーに参加。店頭ボードが集客のばらつきを生んでいたと確信を持たれました。

その後、各店舗に手書き店頭ボードを書く様に指示したそうです。まだ、店頭ボードを始めたばかりですが、ちょっとずつ効果が見え始めている様です。

同じく3章でお伝えした、「やるからには、店頭ボードに関して抜本的な改革をしたい」という強い熱意を持っていた生活サービス業のM社。M社に対しては、店頭販促に関するコンサルティングや社員向け研修などを幾度となく行いました。

それらが功を奏し、それまで社員達は全く店頭販促について無関心だったそうですが、「今、社内は店頭販促ブームです！」と担当者の方が驚くくらい、皆、熱心に取り組んでいるそうです。M社は以前から業界でトップ3の地位にいる会社でしたが、店頭販促に本気になりだした今、更なる飛躍が期待されます。

4章でお伝えした不動産仲介業のR社は、若手を中心とした女性社員達にもっと集客力のあるボードを書ける様になって欲しいという意向から、弊社にて店頭ボード研修を行ったというのは前述の通り。その結果、個人によって多少の差はありますが、総じて、一定以上のレベルのボードを書ける様になりました。今も現場でバリバリと店頭ボードを書いていることでしょう。

いずれの会社も、商品はもちろん、サービスマニュアル、人材は、何一つ変えていません。**変えたのは、店頭販促だけ**。

店頭販促を変えただけで、大小の差はあるものの、各社共に、お客様を増やすことに成功しています。

そして、何より社員達の店頭販促に対する意識が大きく変わったと聞いています。

以前は、

「命じられたから、とりあえず店頭ボードを書く…」

「本部から与えられた販促物をとりあえず店頭に並べる…」

と、どこか他人事の社員が多かったそうです。

しかし、弊社によるコンサルティングや研修を受けたことで意識が大きく変わり、**「お客様を呼び込める店頭ボードを書こう！」**

「最も効果の出る配置で販促物を置こう！」

といった具合に、自主的に店頭販促に対して取り組む様になったという声を多数、頂いています。

店舗で働くスタッフの中には、「集客を考えるのは本部の販促担当の人間が行うもので、自分には関係ない」という考えを持っている人も多いかもしれません。

しかし、店頭販促は基本的に店舗主導です。

とりわけ店頭ボードについては、店舗で働くスタッフが書くものです。

会社が店頭販促に力を入れることで、「集客は本部がやるもの」としていたスタッフ達も、自分がその一端を担っているのだと理解したことで、本気になってくれるはずです。

そして、こうした意識の変化は、間違いなく他の部分にも影響を及ぼします。

「せっかくだから、もっとお客様を呼べる様な接客を心がけよう」

「せっかくだから、もっとお客様を呼べる様な陳列を考えてみよう」

「せっかくだから、もっとお客様を呼べる様に掃除を頑張ろう」

「とりあえず」の意識から、「せっかくだから」の意識へと変化するのです。

社員全員が「せっかくだから」の意識を持てれば、お店はどんどん良くなります。

つまり、店頭ボードには、現場スタッフに責任と自覚を持たせ、意識を変えさせる効果もあるのです。

集客もできる。

そして、社員達の意識改革も行える。

あなたの会社の事業を、更に、躍進させる鍵は店頭販促かもしれません。

ぜひ、本書を参考に店頭販促改革を実行してほしいと思います！

著者　中村 心（なかむら こころ）

大学卒業後、ファッションメーカーに就職。百貨店にて販売員として勤務し、店長まで経験した後、退職。他、通販会社にてＤＭや新聞広告・ネット広告などの各種販促物の制作、経営書籍専門の出版社にて企画編集…と多彩な職歴を持つ。

その後、「店舗集客には、店頭販促こそ重要である」という考えから、株式会社店頭販促コンサルティングを設立。現在、同社代表取締役社長。

多様な職歴の現場で得た経験・知識に加え、のべ30万店以上ものお店を自らの足で見て回って体系化した〝売れる店頭販促メソッド〟を元に、お店のファサード改善のアドバイス・提案コンサルティングを実施し、数多くの実績を挙げている。

また、店長・スタッフ向け企業研修も積極的に実施。分かりやすい講義に加え、受講者一人一人のレベルに合わせた丁寧な実習指導が好評。一部上場企業や公的機関から、街の商店街まで、開催実績は豊富。

店頭販促に関する著書も多数。また、各種専門誌でも店頭販促の専門家として、定期的に執筆中。

小社 エベレスト出版について

「一冊の本から、世の中を変える」―― 当社は、鋭く専門性に富んだビジネス書を、世に発信するために設立されました。当社が発行する書籍は、非常に粗削りかもしれません。熟成度や完成度で言えばまだまだ低いかもしれません。しかし、

・リーダー層に対して「強いメッセージ性」があるもの
・著者の独自性、著者自身が生み出した特徴があること
・世の中を良く変える、考えや発想、アイデアがあること

を基本方針として掲げて、そこにこだわった出版を目指します。

あくまでも、リーダー層、経営者層にとって響く一冊。その一冊から経営が変わるかもしれない一冊。著者とリーダー層の新しい結び付きのきっかけのために、当社は全力で書籍の発行をいたします。

多店舗展開の会社がやるべき、店頭集客力の最大化戦略

定価：本体2、300円（税別）

2020年1月29日　初版印刷
2020年2月10日　初版発行

著者　中村 心（なかむらこころ）
発行人　神野啓子
発行所　株式会社 エベレスト出版
〒101-0052
東京都千代田区神田小川町1-8-3-3F
TEL 03-5771-8285
FAX 03-6869-9575
http://www.ebpc.jp

発売　株式会社 星雲社（共同出版社・流通責任出版社）
〒112-0005
東京都文京区水道1-3-30
TEL 03-3868-3275

印刷　株式会社 精興社　　装丁　MIKAN-DESIGN
製本　株式会社 精興社　　本文　北越紀州製紙

 ISBN 978-4-434-26817-5